Zum Buch

Checkliste 2012 ist ein Handbuch der besonderen Art. Klar, übersichtlich und für jeden nachvollziehbar schildert der Biophysiker Dieter Broers, welche Ereignisse uns 2012 erwarten – und wie wir uns darauf vorbereiten können. Denn nicht nur Naturkatastrophen und weltweite Stromausfälle werden sich 2012 ereignen. Alles spricht dafür, dass rund um dieses magische Datum ein Bewusstseinswandel erfolgen wird. Von den Kalendern der Maya bis hin zu den Forschungen der NASA ist belegt: Bedingt durch eine Veränderung der Sonnenaktivitäten werden wir eine mentale Revolution erleben, die unsere aus den Fugen geratene Welt heilen kann.

Die *Checkliste 2012* bietet konkrete Anleitungen, mit denen Sie die Herausforderungen von 2012 meistern werden.

Zum Autor

Dieter Broers, Jahrgang 1951, forscht bereits seit den 80er Jahren als Bio-Physiker auf dem Gebiet der Frequenz- und Regulationstherapie. Er leitete u. a. ein vom Bundesministerium für Forschung und Technologie gefördertes interdisziplinäres Forschungsprojekt, mit dem er wissenschaftliches Neuland betrat. Die Resultate der Forschungsgruppe flossen in die Entwicklung völlig neuartiger Therapiegeräte, die für die medizinische Forschung den Beginn einer neuen Epoche bedeuten. Insgesamt wurden Broers Patente in 85 Länder erteilt. Aufgrund seiner wissenschaftlichen Leistung wurde Dieter Broers in das *International Council for Scientific Development* (ICSD) berufen, dem unter anderem 100 Nobelpreisträger angehören. Seit 1997 arbeitet Dieter Broers als Direktor für Bio-Physik innerhalb des ICSD und ist im *Committee for International Research Centres* vertreten. Der Autor lebt und arbeitet in Österreich und Griechenland.
www.dieterbroers.info

Vom Autor bereits erschienen:
(R)evolution 2012. Warum die Menschheit vor einem Evolutionssprung steht.

DIETER BROERS

CHECK LISTE 2012

SIEBEN STRATEGIEN, WIE SIE DIE KRISE IN IHRE CHANCE VERWANDELN

Mehr über unsere Bücher:
www.trinity-verlag.com

FSC

Mix
Produktgruppe aus vorbildlich
bewirtschafteten Wäldern und
anderen kontrollierten Herkünften

Zert.-Nr. SGS-COC-1940
www.fsc.org
© 1996 Forest Stewardship Council

2. Auflage
© 2009 Trinity Verlag in der
Scorpio Verlag GmbH & Co. KG, Berlin · München
Umschlaggestaltung:
Hauptmann & Kompanie Werbeagentur, Zürich
Satz: BuchHaus Robert Gigler, München
Druck und Bindung: Pustet, Regensburg

ISBN 978-3-941837-00-3

INHALT

EINLEITUNG

Das Jahr 2012 wird ein Schicksalsjahr für unseren Planeten werden. Alles spricht dafür, dass sich in diesem Jahr Dinge ereignen werden, die für uns noch unvorstellbar sind. Mittlerweile beschäftigen sie die Fantasie unzähliger Menschen. Hollywoodfilme inszenieren schon jetzt das Grauen eines Weltuntergangs. Gerüchte sind im Umlauf, dass sich eine Katastrophe ungeahnten Ausmaßes ereignen könnte. Wissenschaftler warnen vor kosmischen Ereignissen, die uns Menschen und alles Leben auf der Erde bedrohen. Szenarien werden entworfen, die wahrhaft beängstigend sind: Erdbeben, Tsunamis, Stromausfälle, Chaos – der finale Zusammenbruch unserer Zivilisation.

Weniger Aufmerksamkeit dagegen erhalten Prophezeiungen, die das Schicksalsjahr 2012 als rettende Chance für die Menschheit beschreiben. Als eine Krise, die in sich Perspektiven für einen umfassenden positiven Wandel trägt. Doch welchen Vorhersagen kann man Glauben schenken? Was hat es auf sich mit all den verwirrenden und teilweise widersprüchlichen Theorien, die so viele verunsichern? Gibt es Grund zur Panik? Oder haben wir tatsächlich Anlass, mit großen Hoffnungen auf das Jahr 2012 zu blicken? Was können wir konkret tun?

Wenn Sie dieses Buch in Händen halten, haben Sie bereits den ersten richtigen Schritt getan. Sie informieren sich, statt sich einschüchtern zu lassen. Sie haben erkannt, dass Wissen besser ist als Angst. Und Sie werden erfahren, wie Sie sich auf 2012 vorbereiten können, um Teil eines großen Wandlungsprozesses zu werden. Dieser Wandlungsprozess wird Ihr gesamtes Leben in neue Bahnen lenken. Sie sollten schon jetzt beginnen, sich damit auseinander zu setzen – je eher, desto besser.

»Checkliste 2012« ist ein Wegweiser im Dickicht der Hypothesen und Theorien. In sieben Kapiteln werde ich Ihnen alles Wesentliche nahe bringen, was Sie über 2012 wissen sollten. Und ich werde Ihnen zeigen, wie Sie schrittweise eine Transformation erleben und gestalten können, an deren Ende ein Anfang steht: eine neue Dimension der menschlichen Existenz.

Große Worte? Ich weiß, das alles klingt recht fantastisch. Kein Wunder. Wir haben uns angewöhnt, den Lauf der Dinge mit einem gewissen Fatalismus hinzunehmen. Wir registrieren zwar, dass in der letzten Zeit einiges aus den Fugen geraten ist: Finanzkrise, Klimakrise, gesellschaftliche und politische Krisen sorgen täglich für Schlagzeilen. Dennoch neigen wir dazu, den Kopf in den Sand zu stecken. Wir fühlen uns hilflos und verschanzen uns. »Nach mir die Sintflut«, heißt die Devise. Furchtsam klammern wir uns an alte Strukturen. Von Veränderungen wollen wir nichts wissen, Instabilität empfinden wir als persönlichen Angriff. Und Visionen haben wir schon lange nicht mehr. Wir empfinden uns als Rädchen im Getriebe, als machtlose Opfer übermächtiger Systeme. Da scheint kein Platz zu sein für Wandel, gar für neue Dimensionen.

Erinnern Sie sich? Legendär wurde das Orchester der sinkenden »Titanic«, das noch Auge in Auge mit dem Untergang Walzer spielte. Wenn wir das Kommende verdrängen, dann unterscheiden wir uns nicht wesentlich von diesen Musikern. Bis zuletzt gaukelten sie sich vor, dass die einbrechenden Wassermassen sie nichts angingen. Bis sie ertranken. Verglichen mit den Passagieren der »Titanic« befinden wir uns heute allerdings in einer privilegierten Situation. Der Countdown läuft, doch wir haben genügend Zeit, uns mit dem Unausweichlichen zu beschäftigen. Wir können Maßnahmen treffen, die uns schützen und stark machen, stärker und glücklicher vielleicht als jemals zuvor.

Warum ich das so sicher behaupte? Als Biophysiker widme ich mich seit fünfzehn Jahren den Reaktionen des Menschen auf veränderte physikalische Gegebenheiten. In aufwändigen Recherchen und eigenen Versuchen erforsche ich seither die komplexen Zusammenhänge von Bewusstsein, Gesundheit und physikalisch messbaren Feldern. Das betrifft im Besonderen elektrostatische und geomagnetische Felder. Sie sind die Quelle allen Lebens auf der Erde, sie ermöglichen komplizierteste Leistungen sämtlicher Organismen, von der Zellteilung bis zur kunstvollen Komposition einer Symphonie.

Um genau diese Felder geht es 2012, denn sie werden sich in diesem Jahr auf dramatische Weise verändern. Nicht erst in diesem magischen Jahr werden wir es mit Abweichungen aller dazugehörigen Frequenzen zu tun haben.

Schon jetzt ist – messbar – ein Prozess in Gang gesetzt, den sensibilisierte Zeitgenossen bereits wahrnehmen: als eine Bewusstseinserweiterung.

Unmerklich ist etwas in Bewegung geraten. Immer mehr Menschen spüren, dass unsere Lebensformen in Widersprüche münden. Wir leben auf höchstem kulturellem Niveau, das jedenfalls denken wir. Und doch ist der Begriff Krise zum Schlüsselbegriff unserer Epoche geworden. Unaufhörlich nähern wir uns den Grenzen des Wachstums. Immer drängender wird die Erkenntnis, dass wir Großartiges aufgebaut haben mit unseren zivilisatorischen Leistungen, dass wir aber im Gegenzug eine hohe zerstörerische Energie freisetzen. Die Systeme geraten unter Druck: Finanzmärkte brechen zusammen, Gletscher schmelzen, die Tierwelt ist bedroht – und nicht zuletzt wir Menschen leiden unter unseren selbstgemachten Problemen.

Gleichzeitig gibt es immer mehr Menschen, die sich dem Lauf der Dinge verweigern. Sie versuchen auszusteigen aus dem Hamsterrad, in dem wir immer schneller laufen müssen. In diesen Kontext gehört die erstaunliche Wiederkehr der Spiritualität. Dass der Mensch nicht vom Brot allein lebt, wusste schon die Bibel. Doch unsere Kultur hat vor allem den Verstand zur Leitidee erhoben, eine kalkulierende, technisch inspirierte Vernunft. Hat sie uns glücklicher gemacht? Empfinden wir unser Leben als lebenswert? Viele beantworten diese Fragen heute mit einem klaren Nein. Wir sehnen uns verstärkt nach höheren Werten, wir sind auf der Suche nach dem Sinn. Wir wünschen uns Heilung, für uns, für unsere Gesellschaft, für alles Leben auf der Erde.

Einige Vordenker sind bereits auf dem Weg, diese Heilung zu finden. Sie weisen uns unmissverständlich darauf hin, dass wir auf einen Kollaps zusteuern, wenn wir nicht innehalten. Wenn wir nicht endlich beginnen zu reflektieren, woher wir kommen und was unsere Aufgabe ist. Sie sprechen von der Klugheit des Herzens, so wie der Dalai Lama. Für Skeptiker sind sie die Hofnarren einer gewitzten Mediengesellschaft. Naive Träumer, die sich auf das Rollenfach des Gutmenschen verlegt haben. Nette Warner und Mahner, deren Sätze die Seele erwärmen mögen, aber nichts ausrichten können. »Business as usual« wird ihnen entgegen gehalten, die Faktizität der Dinge, wie sie nun mal sind. Also therapiert jeder auf seine Weise am inneren Unbehagen herum, flüchtet sich wahlweise in Arbeit, Konsum, Entertainment.

Doch sie sind keine Träumer, diese spirituellen Denker. Sie haben ganz einfach begriffen, dass nur ein Bewusstseinswandel uns retten kann. Sie plädieren für Menschlichkeit, Liebe, Abrüstung, Achtsamkeit. Aber wer hört schon auf sie? Sie haben kaum Deutungsmacht im Spiel der öffentlichen Aufmerksamkeit. Noch dazu sind es wenige. Wie könnte also ein Bewusstseinswandel für alle erfolgen? Wie kann ein Umdenken eingeleitet werden, das nicht nur eine Handvoll »Erleuchteter« verwirklicht?

Hier kommen die Felder ins Spiel, von denen ich eben sprach. Um es auf den Punkt zu bringen: Wir sind bereits jetzt Einflüssen ausgesetzt, die ich als »therapeutische Frequenzen« bezeichne. Es sind physikalische Vorgänge, die ihren Ursprung in veränderten Sonnenaktivitäten haben und unsere Psyche verändern. Schon jetzt. Und bald noch sehr viel intensiver. Wir alle können diese positiven Energien nutzen, vorausgesetzt, wir wissen, was es damit auf sich hat.

Verschweigen darf ich Ihnen nicht, dass dieser kollektive Prozess des Umdenkens schmerzhaft sein wird. Ja, es werden sich Dinge tun, die uns erschüttern, die uns bedrohen, die uns schier den Verstand rauben. Das Rätsel von 2012 hat ein doppeltes Gesicht. Wir werden wir eine umfassende Krise erleben, wir werden in große Gefahr geraten. Doch am Ende werden wir verwandelt und gestärkt aus dieser Krise hervorgehen.

Sind Sie neugierig geworden? Dann folgen Sie mir auf eine virtuelle Reise, bei der Sie überlebenswichtige Strategien erfahren werden. Am Ende der Reise werden Sie verstehen, warum 2012 auch Sie betrifft. Und warum Sie Ihre größten Hoffnungen auf das magische Datum 2012 setzen können. Ich wünsche Ihnen eine spannende und hilfreiche Lektüre.

1. KAPITEL

SOS 2012 – WIE SIE SICH KONKRET SCHÜTZEN

Seit einigen Jahren rückt das Jahr 2012 in den Fokus der internationalen Wissenschaftsszene. Zunächst waren es nur einige wenige Forscher, dann schlugen immer mehr Alarm: Für 2012, so sagten sie voraus, kündigt sich ein Ereignis an, das globale Katastrophen nach sich ziehen könnte.

Ausgangspunkt war die Beobachtung der Sonnenaktivitäten. Schon lange weiß man, dass die Eruptionen der Sonne großen Einfluss auf unseren blauen Planeten haben. Zunächst war es ein intuitives Wissen. Alle hochentwickelten Kulturen haben die Sonne beobachtet, älteste Aufzeichnungen gehen Tausende von Jahren zurück. Die Sonne galt von jeher als Spenderin allen Lebens, als Taktgeber für Jahreszeiten, Wettererscheinungen, Aussaat und Ernte. Entsprechend wurde die Sonne verehrt. Zahlreiche Völker huldigten dem Sonnenkult, so wie die Ägypter, die den Sonnengott Ra anbeteten.

Heute werden die Aktivitäten der Sonne von hochmodernen Satelliten registriert. Das geschieht vor allem durch Satelliten der NASA, die regelmäßig Bilder von der Sonne an die Erde senden. Zusätzlich werden die physikalischen Auswirkungen gemessen, die damit einher gehen. Denn so unendlich weit die Sonne auch von der Erde entfernt sein mag, so intensiv ist doch ihr Einfluss auf alle Lebensvorgänge auf unserem Planeten.

Sicher ist: Jede Eruption auf der Sonne hat einen Ausstoß von elektrisch geladenen Teilchen zur Folge. Diese koronalen Massenauswürfe sind mit Reisegeschwindigkeiten von bis zu mehreren Millionen Kilometer in der Stunde unterwegs. Und jedes Mal, wenn die Sonne Ladungsträger in Richtung Erde sendet, verändert sie unser Erdmagnetfeld. Mit deutlichen Folgen: Denn die gesamte Zellkommunikation von Lebewesen erfolgt in erster Linie über elektromagnetische Felder. Diese Felder steuern nahezu alle lebendigen Vorgänge. Zugvögel orientieren sich daran, Wale und andere Meerestiere lassen sich davon auf ihren Wanderungen leiten. Selbst wir Menschen unterliegen einer geheimen Steuerung durch die Erdfelder – sie beeinflussen in hohem Maße unsere Psyche und unsere Gesundheit.

Wie stark diese Einflüsse sind, wurde erst durch interdisziplinäre Vergleiche offenbar. Als etwa Physiker und Mediziner ihre Daten abglichen, fanden sie Verblüffendes heraus: Durch Sonneneruptionen bedingte Schwankungen des Erdmagnetfelds ließen die Quote von Herzinfarkten und psychischen Auffälligkeiten in die Höhe schnellen. Unfallstatistiker stellten fest, dass sich besonders viele Unfälle an Tagen mit abweichenden elektromagnetischen Frequenzen ereigneten. Sogar Aggressionen, aber auch gesteigerte geistige Leistungen und Halluzinationen nahmen unter solchen Umständen zu.

Dies sind nur wenige Beispiele dafür, dass wir Kräften ausgesetzt sind, von deren Wirkmächtigkeit wir zumeist nichts ahnen. Körperliche und seelische Vorgänge, kulturelle Leistungsfähigkeit und emotionale Gestimmtheiten, das alles wird wesentlich durch die Sonne beeinflusst. Vergleicht man Sonnenaktivitäten und historische Ereignisse, so lässt sich sogar ein direkter Zusammenhang mit politischen und gesellschaftlichen Umwälzungen herstellen. So erarbeitete der Astrophysiker und NASA-Mitarbeiter John Eddy bereits 1978 eine Tabelle, die eindeutige Korrelationen zwischen Auf- und Untergängen von Kulturen und den Sonnenaktivitäten nachweist.

Die spektakulärste Eruption der Neuzeit fand im Jahre 1859 statt. Dokumentiert wurde sie von dem britischen Astronomen Richard Christopher Carrington, der die Geschehnisse von seiner eigenen Sternwarte aus beobachtete. Damals wurden Phänomene wie intensives Wetterleuchten bis zum Äquator beschrieben. Vor allem aber berichtete Carrington von einer weiteren Auswirkung: Die Telegrafennetze waren lahmgelegt, weil Transformatoren verschmorten.

Ähnliche, wenn auch schwächere Mega-Sonnenstürme wurden beispielsweise 1989 registriert. Ihre Folgen bekam die kanadische Provinz Quebec empfindlich zu spüren. Sie waren nämlich weitaus dramatischer als 1859, da die Elektrizität inzwischen das gesamte öffentliche Leben bestimmte. Der Stromausfall führte zum Erliegen der zentralen Steuerungsmechanismen. Sämtliche Telefonnetze brachen zusammen, die Verkehrsleitsysteme versagten, Flugzeuge konnten nicht mehr navigiert werden, jede Kommunikation via Computer oder Internet erlosch. Krankenhäuser wurden funktionsunfähig, Aufzüge blieben stecken, Chaos brach aus.

Es waren die Wissenschaftler der NASA-Forschungsabteilung, die als erste eine brisante Prognose erstellten: Dass 2012 mit einer Mega-Sonneneruption zu rechnen sei. Ihre Erkenntnis stützt sich auf jahrzehntelange Beobachtung der Sonnenzyklen. Innerhalb dieser Zyklen ereignen sich berechenbar Sonneneruptionen, nach einem gut erforschten, recht exakten Rhythmus. Zum Ende des jetzigen Zyklus nun rechnen die NASA-Wissenschaftler mit einer immensen Eruption – gewaltiger als alle bisher bekannten. Sie datieren dieses Ereignis auf 2012, und es werde entweder im Frühsommer oder im Winter stattfinden.

Was die Situation verschärft: Seit einigen Jahren scheint die Sonne den Rhythmus ihrer Aktivitätszyklen zu »verschlafen«. Die Eruptionen folgen nicht mehr dem zu erwartenden Muster, sie sind schwächer und seltener geworden. Über die Gründe lässt sich nur spekulieren. Die Folgerung jedoch ist eindeutig: Offenbar handelt es sich hier um die berühmte Ruhe vor dem Sturm. Gewaltige Kräfte bauen sich zurzeit auf, die auf Entladung drängen. So ist es sehr wahrscheinlich, dass der momentanen Phase unerklärlicher Inaktivität der Sonne eine finale, unermesslich große Eruption folgen wird.

Jetzt werden Sie sich die Frage stellen: Was passiert mit der Erde, was passiert mit uns, wenn dieser superlativische Sonnensturm ausbricht? Auf einer unmittelbar sichtbaren Ebene wird vermutlich genau das geschehen, was die Anhänger der Katastrophen-Theorie befürchten: Überall auf der Welt wird der Strom ausfallen. Das Alltagsleben wird empfindlich gestört, wenn nicht zerstört. Allgemeine Instabilität wird die Folge sein, unsere sämtlichen zivilisatorischen Errungenschaften werden versagen, ein Chaos ist mehr als wahrscheinlich.

Auf einer zweiten Ebene wird das Erdmagnetfeld instabil werden. Gewaltige Gewitterstürme, sintflutartige Regenfälle, Erdbeben und Überschwemmungen werden die Konsequenz sein. Die Welt gerät buchstäblich aus dem Gleichgewicht. Tausende, vielleicht sogar Millionen von Menschen werden Zeugen eines klimatischen Chaos werden.

Doch es gibt auch noch eine dritte Ebene, und diese reicht weit über kurzfristige Weltuntergangsszenarien hinaus. Die solar bedingten Schwankungen des Erdmagnetfelds werden nämlich unsere Psyche verändern, und zwar in einem absolut positiven Sinne. Sie werden unser Bewusstsein schärfen, werden es erweitern und uns zu ganz neuen Erkenntnissen verhelfen.

Genau hier liegt die große Chance. Wenn man alle Forschungsergebnisse zusammenfasst, die es über solch eine mentale Revolution gibt, so lassen sie nur eine Schlussfolgerung zu: Es wird sich eine heilsame Veränderung unseres Denkens und Fühlens ereignen. Dies ist die Ebene, auf der wir Hoffnungen hegen dürfen, dass 2012 keine Apokalypse droht, sondern ein bedeutender Evolutionssprung unseres Bewusstseins.

Es gehört allerdings zu den ewigen Gesetzen unseres Seins, dass wichtige Veränderungen durch Krisen eingeleitet werden. Diese Erfahrung haben Sie sicherlich selbst schon gemacht. Denken Sie an schmerzhafte Trennungen, denen ein Entwicklungssprung folgte. Denken Sie an Jobwechsel, Sinnkrisen, Beziehungskrisen – sie sind oft der Auftakt zu einer neuen, besseren Phase des Lebens. Wir werden vor Herausforderungen gestellt und müssen unser gesamtes Denken und Fühlen überprüfen: Wer sind wir? Was wollen wir wirklich? Dabei müssen wir Verlustängste überwinden und uns von liebgewonnenen Gewohnheiten trennen.

Solch eine Krise werden Sie bis Ende 2012 durchmachen. Sie betrifft das unmittelbar spürbare Ereignis, das für dieses Jahr vorausgesagt wird. Es wird nicht leicht für Sie werden. Aber Sie werden belohnt werden, und Sie können eine Menge tun, um die irritierenden Auswirkungen sicher zu überstehen.

Bleiben wir daher zunächst bei der pragmatischen Ebene. Angenommen, der mysteriöse »Tag X« ist da. Die NASA gibt eine Warnung heraus: »Soeben hat sich auf der Sonne eine Super-Eruption ereignet, die größte Eruption seit Beginn der Messungen. Der Teilchen-Ausstoß ist gewaltig. Eine gigantische Plasmawolke aus Ladungsträgern rast auf die Erde zu. In drei Tagen werden wir mit den Folgen konfrontiert sein.« So oder ähnlich könnte die Meldung klingen.

Wie würden wir die unmittelbare Auswirkung der Mega-Sonneneruption verkraften? Welche Vorkehrungen sollten wir treffen, um sie zu meistern? Gibt es überhaupt eine Überlebenschance? Oder haben jene Recht, die unseren Countdown angezählt sehen?

Um eine Antwort auf diese Frage zu finden, führen Sie sich vor Augen, wie Ihr tägliches Leben aussieht. Nehmen wir einen ganz normalen Tag. Ein Radiowecker wird möglicherweise Ihre Nachtruhe beenden. Sie kochen sich Kaffee mit einer Kaffeemaschine, öffnen den Kühlschrank und bereiten Ihr Frühstück zu. Dann fahren Sie mit dem Auto oder mit der U-Bahn zur Arbeit. Sie telefonieren, mailen, arbeiten am Computer oder mit strombetriebenen Apparaten und Werkzeugen.

Sie benutzen Aufzüge, Rolltreppen, künstliches Licht. Wenn Sie einkaufen, finden Sie klimatisierte, beleuchtete und elektronisch gesicherte Supermärkte vor. Wenn Sie verreisen, buchen Sie Ihr Ticket online, elektronische Verkehrsleitsysteme und Flughafentechnologien regeln alle Abläufe. Um sich zu informieren, schalten Sie Radio und Fernseher ein, kaufen eine Zeitung oder besuchen Nachrichten-Seiten im Internet. Abends kochen Sie sich ein Essen oder wärmen sich eine Fertigmahlzeit in der Mikrowelle auf. Sie haben alles im Griff.

Haben Sie's bemerkt? Sie haben gar nichts »im Griff«. Vielmehr hat die Elektrizität Sie fest im Griff. Denn nahezu alles, was Sie tun, wird durch Elektrizität bestimmt: Vom Wecker über die Nahrungsaufnahme, den Transport, die Kommunikation, die Arbeitsabläufe.

Kein Zweifel: Elektrizitätswerke sind die Schlagadern unseres zivilisierten, hochtechnisierten Lebensstils geworden. Selbst wenn Sie auf dem Land leben, gilt das Prinzip unserer Abhängigkeit von Elektrizität – von der Melkmaschine des Milchbauern über den Handyanruf, mit dem Sie Ihr soziales Leben organisieren, bis hin zum Auto, dessen Elektronik Ihnen zu Mobilität verhilft.

Stellen Sie sich nun vor, was geschieht, wenn die Transformatoren aufgrund eines gesteigerten Teilchenbombardements der Sonne schmelzen – so, wie es Carrington beschrieb und die Provinz Quebec es 1989 erlebte. Wenn in den Elektrizitätswerken buchstäblich die Lichter ausgehen, verändert sich schlagartig das gesamte System.

Sie werden sich kein gewohntes Frühstück zubereiten können. Die elektrische Benzinpumpe Ihres Autos wird nicht funktionieren, Busse, U- und S-Bahnen bleiben stehen. Die Supermärkte werden geschlossen bleiben, da weder das Licht noch die Kassensysteme funktionieren. Wenn sie nicht von Kunden geplündert werden, die keine Sicherheitskamera und kein elektronisches Alarmsystem mehr aufhalten kann. Flugzeuge können nicht starten. Falls es Winter ist, werden die Heizungen ausfallen. Die elektrisch betriebenen Pumpen der Wasserwerke stehen still, Trinkwasser wird knapp.

Falls Sie Ihr Glück auf der Straße versuchen, werden Sie in eine panische Menge geraten, in Menschenaufläufe, die einem diffusen Fluchtimpuls folgen, aber nicht wissen, wohin sie gehen sollen. Es wird keinen Nachschub für Nahrungsmittel und Medikamente geben. Innerhalb weniger Tage bricht alles zusammen, was Sie für Ihre unerschütterliche Normalität gehalten haben.

Betrachten wir jetzt die zweite Ebene. Die Naturkatastrophen, die mit dem destabilisierten Erdmagnetfeld einhergehen, sorgen zusätzlich für Gefahren. Gebäude werden zusammenstürzen, Überschwemmungen werden ganze Landstriche fluten, und es können keine elektrischen Pumpen eingesetzt werden, um die Häuser trocken zu legen. Gewaltige Gewitter fegen über die Erde hinweg, mit Blitzen von immenser Intensität. Sogar Vulkane könnten ausbrechen, deren Aschewolken den Himmel verdunkeln. Sofort würde sich die Erde abkühlen, es würde finster werden auf dem blauen Planeten, der sich in einen grauen Aschedunst hüllt.

Und das Schlimmste ist: Sie werden keinerlei Information erhalten. Radio und Fernsehen schweigen, Zeitungen können nicht gedruckt und transportiert werden. Auch das Internet wird Ihnen nicht zur Verfügung stehen. Sie werden schlicht nicht wissen, wie es weitergeht. Sie werden keine Ahnung haben, was von den politischen Institutionen, von Polizei, Feuerwehr oder Technischem Hilfswerk unternommen wird. Sie werden auf sich gestellt sein.

Habe ich Sie erschreckt? Ich bin mir der Verantwortung durchaus bewusst, die ich habe, wenn ich die Szenarien für 2012 durchspiele. Ich will Sie nicht schockieren. Doch es bleibt mir nichts anderes übrig, als zunächst einmal schwarz zu malen. Man kann es nicht beschönigen: Was uns 2012 erwartet, ist eine Dynamik der Ereignisse, die uns zu Recht beunruhigt.

Was ich Ihnen daher rate, sind zunächst einmal ganz praktische Vorsichtsmaßnahmen. Gehen Sie davon aus, dass etwa drei Tage nach der ersten NASA-Warnung einige oder alle die Dinge eintreffen, die ich soeben geschildert habe. Visualisieren Sie die Ereignisse. Versuchen Sie sich vorzustellen, wie Ihr Leben ohne Strom, ohne Heizung und Wasser, ohne Nahrungsnachschub, ohne technisch gestützten Transport und ohne jeglichen Zugang zu aktuellen Informationen aussehen wird. Dann gibt es nur eine einzige wirkungsvolle Strategie, die Sie verfolgen sollten: Handeln Sie mit kluger Umsicht.

Es ist sinnvoll, sich schon lange vorher mit einem Vorrat der wichtigsten Nahrungsmittel einzudecken. Denken Sie daran, dass Sie weder Strom für Kühlschränke und Kühltruhen noch Strom zum Kochen haben werden. Lagern Sie alles ein, was lange haltbar ist, nicht zubereitet werden muss und Ihren Körper mit hochwertiger Energie versorgt: Nüsse zum Beispiel, lange haltbares, eingeschweißtes Brot, Trockenfrüchte, Getreide, Müsli. Auch die sonst nicht zu bevorzugenden Konserven könnten eine überlebenswichtige Rolle spielen. Kaufen Sie dazu eingelegtes Gemüse in Gläsern. Lange haltbares Frischobst wie Äpfel können Sie im Keller oder auf dem Balkon aufbewahren. Auch Obstsäfte sind für die Vitaminversorgung sinnvoll.

Wenn Sie wollen, kaufen Sie sich einen einfachen Campingkocher mit einigen Gaskartuschen, dann können Sie Gerichte aufwärmen und heiße Getränke zubereiten. Äußerst wichtig ist die Versorgung mit Trinkwasser. Decken Sie sich mit einigen Kisten Mineralwasser ein. Besorgen Sie sich zusätzlich Behälter, mit denen Sie eventuell Regenwasser auffangen können. So werden Sie einen längeren Zeitraum überbrücken, in dem Sie Wasser weder aus dem Hahn noch im Laden bekommen.

Dann überprüfen Sie Ihre Hausapotheke. Benötigen Sie regelmäßig Medikamente? Sind Sie Diabetiker und angewiesen auf Insulin? Dann legen Sie sich einen Vorrat an. Besprechen Sie mit Ihrem Arzt, ob Sie im Notfall Insulin auch eine Weile in Tablettenform einnehmen könnten – denn Sie werden das Insulin nicht kühlen können. Sie sollten auf jeden Fall Schmerztabletten bereit halten, da extrem starke Schwankungen des Erdmagnetfelds kurzfristig zu Kopfschmerzen führen.

Bedenken Sie, dass Sie keinen Notarzt anrufen können. Krankenhäuser werden aufgrund des Transportsproblems schwer zu erreichen sein, und selbst dort wird man ohne Strom nur eingeschränkt arbeiten. Belegen Sie einen Erste-Hilfe-Kurs, um im Notfall lebensrettende Maßnahmen selber durchzuführen.

Überlegen Sie, wie Sie im Winter ohne Heizung auskommen könnten. Besitzen Sie genügend wärmende Decken? Falls Sie einen Kamin haben, lagern Sie ausreichende Brennholzvorräte ein. Kaufen Sie Kerzen, um nicht im Dunkeln zu sitzen. Seien Sie vorbereitet – das ist nicht Ausdruck von Hysterie, sondern von Umsicht. Diese Vorkehrungen sind nicht besonders aufwändig, in einer Krisensituation jedoch können sie lebensrettend sein.

Wie gesagt: Das alles sind Präventivmaßnahmen. Und was, wenn die drei Tage nach NASA-Meldung verstrichen sind? Die wichtigste Regel klingt einfach, ist aber von hoher Relevanz: Bleiben Sie zuhause. Es wird Ihnen vielleicht widerstreben, nicht zur Arbeit zu gehen. Doch wenn Sie sich mit dem Auto, mit Bus oder Bahn weit von Ihrer Wohnung entfernen, können Sie nicht sicher sein, dass Sie auf die selbe Weise wieder heimkehren können.

Bleiben Sie bei den Menschen, die Ihnen wichtig sind, bei Ihrer Familie oder Ihren Freunden. Falls der Ernstfall eintritt, sollten Sie nicht von Ihnen getrennt sein. Sie könnten ihnen nicht einmal ein Lebenszeichen geben, ohne Telefon oder Internet. Hinzu kommt, dass es vermutlich zu Verkehrsstaus kommen wird, sobald die NASA-Meldung kommuniziert ist. Viele Menschen werden sich aufs Land flüchten wollen. Was das für Großstädte bedeutet, kann man täglich zur Rush hour erleben: Nichts geht mehr.

Falls Sie in einem Erdbebengebiet wohnen – auch in Deutschland gibt es bekanntlich Zonen mit erhöhten Erdbebenaktivitäten – dann beachten Sie ein paar einfache Regeln. Sollten Sie seismische Erschütterungen registrieren, so schützen Sie sich am besten, indem Sie Zuflucht unter einem stabilen Tisch suchen. Noch sicherer stehen Sie in einem Türrahmen. Laufen Sie nicht reflexhaft aus dem Haus, sonst könnten Sie von herunterfallenden Dachziegeln oder Mauerteilen getroffen werden.

Zugegeben: Was Sie soeben erfahren haben, ist nicht gerade erfreulich. Selbst wenn die Auswirkungen eines Mega-Sonnensturms weniger dramatisch ausfallen sollten, werden Sie in der einen oder anderen Weise betroffen sein. Doch Sie werden schon bemerkt haben: Mit einigen gut geplanten Vorsichtsmaßnahmen können Sie die unmittelbaren Auswirkungen einer exponentiell gesteigerten Sonneneruption ohne Schaden überstehen.

Vor allem aber werden Sie sich nicht hilflos fühlen. Ihre berechtigten Ängste werden geringer, wenn Sie die Situation kennen, in die Sie geraten werden. Die Bedrohung ist real, genauso real aber ist auch die Wahrscheinlichkeit, dass Ihr Notfallprogramm Sie schützen wird. Behalten Sie einen kühlen Kopf. Verhindern können Sie den Ernstfall ohnehin nicht – niemand kann ihn aufhalten oder sich ihm entziehen. Denken Sie immer daran, dass Sie von jetzt an einen entscheidenden Wissensvorsprung haben: Wenn Sie sich mit den konkreten Konsequenzen schon heute auseinander setzen, haben Sie Zeit, in aller Ruhe ihre ganz persönlichen Vorkehrungen zu treffen, praktisch und mental.

Ihr größter Feind in solchen Extremsituationen ist die Panik; der Impuls, kopflos irgendwohin zu laufen, wo Sie sich Rettung erhoffen. Ich kenne beispielsweise Leute, die fest vorhaben, am »Tag X« in die Natur zu fliehen, um den unkontrollierbaren Ereignissen in den Städten zu entkommen. So richtig dieser Reflex auf den ersten Blick wirken mag, sinnvoll ist er nicht. Bedenken Sie, dass Sie sich auf unbekanntes Terrain begeben würden. Und dass Sie sehr wahrscheinlich keinerlei Erfahrungen haben, wie man in der freien Natur überlebt. Sie werden Ihnen fremde Menschen treffen, die womöglich noch panischer reagieren als Sie selbst. Wissen Sie, was diese Menschen tun werden? Können Sie ermessen, welche tragischen Fehler Menschen machen, die sich im Ausnahmezustand befinden?

Daher lege ich Ihnen noch einmal dringend ans Herz: Bleiben Sie in Ihrem vertrauten Bereich. Bleiben Sie dort, wo Sie sich auskennen, wo Ihre Vorräte lagern, wo Sie mit denjenigen Menschen zusammen sind, die Ihnen wichtig sind. Das wird Ihnen nicht zuletzt eine emotionale Stabilität verschaffen.

Ihnen werden große Kräfte zuwachsen, wenn Sie bei denen sind, die Sie lieben. Das ist eine Erfahrung, die der älteren Generation noch aus Kriegszeiten vertraut ist. Sie haben erlebt, was es bedeutet, übermächtigen Ereignissen ausgeliefert zu sein, auf die sie keinen Einfluss haben. Und sie haben gelernt, was Überleben heißt – gegen alle Widrigkeiten, gegen alle Gefahren. Jüngere Generationen speziell in Deutschland jedoch haben nie kollektive Notsituationen erlebt, zum Glück. Umso irritierter werden sie sein, wenn sie plötzlich aus ihrer Normalität herausgerissen werden und wenn das Gebot der Stunde der Survival ist.

Pointiert gesprochen: Wir haben durch glückliche historische Umstände wenig Erfahrungen mit dem Mangel, mit der Panik, mit dem Kollaps. Daher ist es wichtig, dass wir solch eine Situation imaginieren.

Seien Sie unbesorgt: Sie werden das alles überstehen. Und mehr noch: Sie werden sich vor weit bedeutenderen Herausforderungen wiederfinden. Denn die akute Bedrohung ist nur eine Facette des mysteriösen Jahres 2012. Was sich wahrhaftig hinter diesem Datum verbirgt, wird Sie in Staunen versetzen. Folgen Sie mir daher in die zweite Etappe unserer virtuellen Reise, und Sie erfahren, wie Sie sich seelisch und geistig auf 2012 vorbereiten sollten.

CHECKLISTE
»SOS 2012 – wie Sie sich konkret schützen«

1. Halten Sie sich 2012 auf dem Laufenden, was mögliche NASA-Warnungen vor extremen Sonneneruptionen betrifft. Informieren Sie sich regelmäßig via Zeitung, Fernsehen und Internet. Basisinformationen erhalten Sie unter: http://www.nasa.gov/topics/solarsystem/features/space weather_hazard.html

2. Richten Sie sich mental auf Ereignisse ein, die Stromausfälle, das Erliegen der Kommunikationsnetze, Versorgungsengpässe und Transportprobleme nach sich ziehen. Bauen Sie keine Ängste auf, sondern visualisieren Sie ganz sachlich, was in diesem Fall passieren wird.

3. Treffen Sie Vorbereitungen, damit Sie einige Tage ohne Elektrizität auskommen können. Kaufen Sie:
   – Kerzen
   – einen gasbetriebenen Campingkocher mit ausreichend Gaskartuschen
   – warme Decken
   – Kaminholzvorräte

4. Stellen Sie Ihre Wasserversorgung sicher. Besorgen Sie sich:
   – Mineralwasservorräte für etwa zwei Wochen
   – Behälter wie Eimer oder Wannen zum Auffangen von Regenwasser

5. Überprüfen Sie Ihre Hausapotheke. Kaufen Sie:
   - Medikamente, die Sie regelmäßig brauchen
   - Kopfschmerzmittel
   - Leichte Beruhigungsmittel wie Johanniskraut
   - Wunddesinfektionsmittel
   - Verbandsmaterial
   - Fiebersenkende Medikamente

6. Absolvieren Sie einen Erste-Hilfe-Kurs, da Sie im Notfall sehr wahrscheinlich keinen Notarzt anrufen können und auch kein Krankenhaus erreichen können.

7. Legen Sie einen Vorrat von Nahrungsmitteln an, die energiereich und lange haltbar sind. Vor allem:
   - Nüsse
   - Getrocknete Früchte
   - Fruchtsäfte
   - Müsli
   - Haltbare Milch
   - Haltbares Brot
   - Konserven
   - Eingelegtes Gemüse im Glas
   - Äpfel (kühl lagern, zum Beispiel auf dem Balkon)
   - Konserven
   - Tee

8. Halten Sie Bargeld bereit, da Scheckkarten und Kreditkarten nicht funktionieren werden.

9. Falls Sie in einem Erdbebengebiet wohnen, reagieren Sie im Notfall folgendermaßen:
   – Suchen Sie Schutz unter einem Tisch.
   – Stellen Sie sich in einen Türrahmen.
   – Verlassen Sie nicht das Haus.

10. Widerstehen Sie Ihrem Fluchtinstinkt, da Sie sonst auf unbekanntes Terrain geraten und Opfer einer Massenpanik werden könnten:
    – Bleiben Sie nach der Ankündigung einer extremen Sonneneruption konsequent zuhause.
    – Melden Sie bei Ihrem Arbeitgeber kurzfristig Urlaubstage an.
    – Schicken Sie Ihre Kinder nicht in die Schule.
    – Sammeln Sie Familie und Freunde um sich.
    – Versuchen Sie, so früh wie möglich wieder an Informationen zu kommen, indem Sie sich ein batteriebetriebenes Radio kaufen; sehr wahrscheinlich werden die Kommunikationsnetze früher wieder in Betrieb genommen als die Elektrizitätswerke.
    – Versuchen Sie, Ruhe zu bewahren, denn panische Reaktionen können Sie ernstlich gefährden.

2. KAPITEL

MIT SICH INS REINE KOMMEN – WIE SIE DIE SPIRITUELLE CHANCE NUTZEN

Lassen Sie uns für einen Moment durchatmen. Vergegenwärtigen Sie sich ohne Scheu, welche Ereignisse Ihnen bevorstehen. Und nun trennen Sie sich von Ihren Ängsten. Was Sie soeben gelesen haben, behandelte einen überschaubaren Zeitraum mit einem zugegebenermaßen hohen Gefährdungspotenzial. Doch nachdem Sie den Ernstfall rational einschätzen können, sind Sie in der Lage, sich innerlich von Ihrer Furcht zu befreien. Lassen Sie los. Denn der »Tag X« mag spektakulär und bedrohlich wirken, in Wahrheit ist er nur ein Kulminationspunkt. Was sich dahinter verbirgt, reicht wesentlich tiefer und gehört zu den schönsten und vielversprechendsten Rätseln unserer Gegenwart.

Manchmal muss man die Vergangenheit betrachten, um die Zukunft zu verstehen. Um die spirituelle Dimension des Jahres 2012 zu begreifen, reise ich mit Ihnen jetzt weit in die Vergangenheit zurück. Die Reise führt uns zu den Maya, jenem legendären Volk, das sich etwa 3000 v. Chr. in Mittelamerika ansiedelte. Die Zeugnisse, die wir von ihnen haben, die Reste ihrer Architektur und einige wenige Schriften, erzählen von einer beeindruckend hoch stehenden Kultur.

Besonders weit entwickelt war bei den Maya das astronomische Wissen. Gemessen an den eher primitiven Bedingungen, unter denen sie den Himmel beobachteten, waren die Maya wahre Meister der Astronomie. Mit bloßem Auge verfolgten sie den Lauf der Gestirne, die sie als Götter verehrten. Sie verfertigten über Jahrtausende hinweg verschiedene Kalender, deren astronomische Exaktheit noch heute verblüffend ist. Diese Kalender enthalten das gesamte Erfahrungswissen der Maya. An ihnen orientierten sie sich, wenn es um den günstigsten Zeitpunkt für Aussaat und Ernte ging, ihnen folgten sie, wenn sie ihre religiösen Rituale und Zeremonien praktizierten. Nur so, davon waren sie überzeugt, ließen sich die Götter milde stimmen. Ihre Astronomie war zugleich Mythos und die Suche nach dem Einklang mit dem sichtbaren Kosmos.

Größte Aufmerksamkeit schenkten die Maya der Sonne. Sie konnten Sonnenfinsternisse exakt vorhersagen, und nicht nur das: Sie konnten darüber hinaus auch Sonneneruptionen prognostizieren. Da diese Eruptionen stets mit sogenannten Sonnenflecken einhergehen, war es ihnen möglich, sie genau zu datieren. Im Laufe der Zeit erkannten sie einen Rhythmus der Sonnenaktivitäten. Das absolut Erstaunliche daran ist, dass ihre Vorhersagen sich punktgenau mit den Berechnungen der modernen Astrophysik decken. Ohne Satelliten, ohne komplizierte technische Astrolabien kamen sie zu Erkenntnissen, die noch heute gültig sind. So fanden sie heraus, dass ein Sonnenzyklus im Schnitt etwa 11 Jahre dauert – dann wiederholt sich die Periodizität der Sonnenflecken.

Was die Kalender der Maya für uns interessant macht, geradezu sensationell interessant sogar, ist ihre Endlichkeit. Denn sie beschreiben einen ungeheuer großen Zeitraum, enden aber alle im Jahre 2012. Genauer gesagt, enden sie am 21. Dezember 2012. Erinnern Sie sich? Das ist eines der beiden Daten, die die NASA-Forscher für den erwarteten Mega-Sonnensturm errechneten, nämlich am längsten Tag im Frühsommer und in der längsten Nacht im Winter. Als ich zum ersten Mal davon erfuhr, hatte ich eine Gänsehaut. Wie konnte es sein, dass uralter Mythos und modernste Wissenschaft zum selben Ergebnis kamen?

Noch spannender wird es, wenn wir uns die Mutmaßungen der Maya anschauen, was den 21. Dezember 2012 betrifft. Offenbar hatten sie Gründe, ihre Kalender exakt hier enden zu lassen. Sie waren der Meinung, dass an diesem Tag eine so bahnbrechende Veränderung vonstatten gehen werde, dass jede weitere Prognose sinnlos sei. Mit anderen Worten: Sie erwarteten nicht nur eine neue Zeitrechnung, sie erwarteten darüber hinaus ein Ereignis, das die Welt in ihren Grundfesten verändern würde.

Was für ein Ereignis hatten sie im Sinn? Welche Umwälzungen prophezeiten sie? In jedem Fall muss es um Umwälzungen einer solchen Wucht gehen, dass die Maya selbst ihren hochkomplexen und genauen Kalendern keine Bedeutung mehr zumaßen.

Seit Sprachforscher die komplizierte Maya-Hieroglyphenschrift entschlüsselt haben, bemühen sich Anthropologen, Mythenforscher und Historiker um eine schlüssige Interpretation der wenigen Hinweise. Auffällig ist, dass die

Maya von einem »neuen Menschen« sprechen, der 2012 die Bühne der Erdgeschichte betritt. Sie deuten das Ereignis ganz offensichtlich als eine spirituelle Transformation der Menschheit. Die Maya erwarteten eine Erlösung des Menschen aus seiner irdischen Befangenheit. Nach 2012, so ihre Prophezeiung, werde sich das Humanum in etwas Göttliches verwandeln. Die alten Grenzen zwischen Gott und Mensch würden aufgehoben, und, wahrhaft erleuchtet, betrete der Mensch ein Dasein als höhere Existenzform.

Sind das harte Fakten, oder ist das nur ein beliebiger Mythos? Nach allem, was wir über das Weltbild der Maya wissen, handelt es sich keinesfalls um irgendwelche abenteuerlichen Spekulationen, sondern um konkrete Gewissheiten. Sie glaubten sich zwar im Banne launischer Gottheiten, gleichzeitig aber gingen sie hochintelligent mit dieser Situation um. Nichts hätte ihnen ferner gelegen, als einfach zu kapitulieren, denn sie waren zweifellos furchtlos und mutig. Davon zeugen Berichte über die vielen Kriege, die sie führten, davon zeugen auch die zahlreichen Blutopfer ihrer Rituale. Nicht nur Gefangene mussten ihr Blut für die Götter geben, auch hochgestellte Persönlichkeiten der gesellschaftlichen Hierarchie wurden getötet und sahen es als Ehre an, ihr Leben zum Wohle aller zu lassen.

Angst war also nicht die Triebfeder ihrer abbrechenden Kalender. Vielmehr sahen sie einen epochalen Sinn in dem alles hinwegfegenden, mysteriösen Ereignis von 2012. Folgt man dem Kalendersystem der Maya, so hat 1992 die letzte Periode einer zielgerichteten Zeitenentwicklung eingesetzt, das 13. Baktum. In den zwanzig Jahren bis 2012 erfolge nun eine schrittweise »Reinigung der Erde«. Möglich werde diese »Reinigungsperiode« durch das »Erwachen« des Menschen, hilfreich gesteuert und begleitet von kosmischen Gottheiten. Insofern ist 2012 für die Maya kein Super-GAU, sondern eine notwendige Katharsis, eine Reinigung von allem, was den Menschen von seinem göttlichen Potenzial trennt.

Die Botschaft der Maya ist ein kostbarer Schlüssel für uns. Sie weist uns den Weg zu einem reflektierten Umgang mit dem fast Undenkbaren. Wenn sie Recht behalten, und alles spricht dafür, dann ist der von ihnen prophezeite Bewusstseinssprung keine Hypothese, sondern Realität. Sie glaubten an das Ende der Zivilisation. Und an den Neubeginn. Wir alle ständen dann seit Jahren unter dem Einfluss des Kommenden. Sind wir bereit? Sind Sie bereit dafür? Oder verwerfen Sie das Wissen der Maya als Aberglaube?

Schauen wir uns die Prophezeiungen noch einmal auf der Basis unseres heutigen Wissens an. Da die Maya ihre Prognosen auf die Beobachtung der Sonne stützten, können wir einen Bogen spannen zu den aktuellen Erkenntnissen über geomagnetische Felder. Alles, was die Maya aufzeichneten und vorhersagten, lässt sich unmittelbar mit modernen physikalischen Forschungsergebnissen verknüpfen. Und an diesem Punkt kommen wieder die Auswirkungen elektrostatischer und geomagnetischer Felder auf unsere Psyche ins Spiel.

Zählen wir eins und eins zusammen. Wenn die Sonne Auslöser eines geheimnisvollen Bewusstseinswandels ist, so wird der Zusammenhang schlüssig: Ganz offensichtlich versetzen uns veränderte physikalische Felder der Erde in die Lage, unser Bewusstsein zu verändern – verursacht durch veränderte Sonnenaktivitäten.

Vielleicht hätte ich selbst diese Erklärung ins Reich der Fantasie verwiesen, wenn ich nicht durch meine Forschungsarbeit wertvolle Hinweise über derartige Wirkmechanismen erhalten hätte.

Vor über zwanzig Jahren erfand ich eine Therapiemethode, die damals völlig neu war: Ich setzte Probanden bestimmten elektromagnetischen Feldern aus. Die technische Vorrichtung dafür hatte ich selbst entwickelt und als Patent angemeldet. Mediziner testeten dieses Therapieverfahren an schwersterkrankten Patienten. Zu den ersten Versuchspersonen zählten sogenannte »austherapierte« Krebspatienten, Patienten also, denen man keine Überlebenschance mehr einräumte. Sie alle hatten nur noch wenige Monate zu leben. Mit anderen Worten: Sie hatten nichts mehr zu verlieren. Ohne jede Hoffnung, den Krebs noch zu besiegen, nahmen sie freiwillig an meinen Versuchsreihen teil.

Während die Probanden entspannt auf einer Liege lagen, »befeldeten« die Mediziner sie mit elektromagnetischen Feldern unterschiedlicher Frequenzen. Schnell fanden sie heraus, dass meine bevorzugte Frequenz von 150 Megahertz erstaunliche Wirkungen zeigte. Plötzlich kamen den Patienten Dinge zum Bewusstsein, die sie völlig verdrängt hatten. Sie erinnerten sich an traumatische Situationen, erkannten ungenutzte Chancen, fanden zu den neuralgischen Punkten ihrer Biografie. Was jedoch noch wichtiger war: Sie erkannten die Zusammenhänge zwischen ihrer Krankheit und ihrem Trauma. Tief erschüttert erzählten sie zum ersten Mal von ihren seelischen Leiden. Tatsächlich hinterließ dieses Erlebnis bei vielen Patienten tiefe Spuren. Zur größten Überraschung aller Beteiligten setzte mit der Erkenntnis der Krankheitsursache auch eine Genesung ein. Erstaunlich viele dieser Menschen lösten ihre Probleme auf. Andererseits zeigte die Therapie bei einem Teil der Krebspatienten keinerlei positive Wirkungen.

Bald kam ich den Gründen näher. All jene, die sich während und nach der Therapie intensiv mit den seelischen Ursachen ihrer Krankheit auseinander setzten, überlebten. Jenen aber, die danach zur Tagesordnung übergingen, konnte offenbar nicht geholfen werden. Die Kraft der geistigen Heilung wurde nur denen zuteil, die das Aufbrechen von emotionalen Sperren konsequent weiterführten. Was ich also beobachten durfte, waren Fälle von Spontanheilung, ausgelöst durch physikalische Befeldung, begleitet durch innere Auseinandersetzung mit Traumata. Heute weiß ich, dass die Patienten durch die Einwirkung der elektromagnetischen Felder in eine Bewusstseinsebene versetzt wurden, die ihnen die persönliche Innenschau ermöglichten.

Mittlerweile gehört die elektromagnetische Therapie zum Repertoire weniger Spitzenmediziner. In ihren Wartezimmern sitzen Menschen aus aller Welt, die auf Heilung hoffen. Die Anwendungsgebiete umfassen verschiedenste Beschwerden. So hat die Magnetfeldtherapie ausgezeichnete Erfolge beispielsweise bei Gelenkerkrankungen: Nach einer Weile bildet sich neuer Knorpel, Operationen können vermieden werden.

Neben der unmittelbaren medizinischen Anwendbarkeit interessierte mich aber noch etwas anderes, weit Brisanteres: Jenseits der künstlichen Befeldung gab es ja auch die natürlichen Felder, schließlich stehen wir alle unter dem Einfluss elektrostatischer und geomagnetischer Felder. Und die, Sie haben es bereits erfahren, nehmen immensen Einfluss auf unser Seelenleben. Wenn die Felder nun schwanken, ausgelöst durch Sonneneruptionen und dem anschließenden Teilchenausstoß – was bedeutete das für die Menschheit rund um den Globus?

Immer tiefer stieg ich in diese Materie ein. Ich vernetzte mich mit Astrophysikern, besorgte mir ihre Messdaten und verglich sie mit den Statistiken psychiatrischer Kliniken und psychotherapeutischer Praxen. Der Zusammenhang ließ mir den Atem stocken: Immer dann, wenn sich extreme Sonneneruptionen ereignet hatten, stieg drei Tage danach die Einlieferungsquote in psychiatrische Kliniken sowie die Zahl von Patienten, die psychotherapeutische Hilfe suchten. Waren sie aufgrund veränderter Frequenzen krank geworden?

Nach und nach entdeckte ich, dass unsere Definition von psychischen Krankheiten sehr eng gefasst ist. Alles, was abweicht, grenzen wir als Störung aus. Nun sah ich mir die verfügbaren Protokolle der Therapeuten und Ärzte genauer an. Auffällig war, dass sehr viele Patienten von unerklärlichen Halluzinationen berichteten. Sie schilderten Visionen und Erscheinungen, hatten Stimmen gehört und Dinge gesehen, die sich mit keiner normalen Alltagswahrnehmung in Einklang bringen ließen.

Waren diese Menschen wirklich krank? Oder waren sie nur irritiert durch Erscheinungen, die sie nicht einordnen konnten? Hatten sie am Ende Visionen gehabt, die keine Störung bedeuteten, sondern eine Bewusstseinsveränderung?

Inzwischen halte ich weltweit Kontakt mit Forschungsinstituten, die sich diesen Phänomenen widmen. Ihr Fazit ist wahrhaft revolutionär: Besonders sensible Menschen reagieren auf Schwankungen des Erdmagnetfelds mit psychischen Zuständen, wie sie auch unter dem Einfluss psychogener Drogen auftreten. Die neurochemischen Vorgänge im Gehirn verändern sich dabei so eklatant, als hätten sie einen LSD-Trip gehabt. Gleichzeitig konnte eine erhöhte Aktivität jener Gehirnregionen festgestellt werden, in denen unsere ethischen Bewertungen und unsere Glaubenseinstellungen lokalisiert werden.

Großen Aufschluss erhielt ich durch die Experimente des Wissenschaftlers Michael Persinger, der als Pionier der sogenannten Neurotheologie gilt. Er ist Spezialist für physiologische Psychologie und lehrt an der kanadischen Laurentia Universität in Sudbury. Persinger konstruierte schon in den 1980er Jahren einen Helm, durch den Versuchspersonen einem veränderten Magnetfeld ausgesetzt werden konnten. Der Helm war so eingerichtet, dass sich die Befeldung auf die Gehirnregion der Schläfenlappen, den Neocortex, richtete. Während die Probanden im Glauben waren, dass sie eine Entspannungsübung machten, wurden sie nun mit einem deutlich schwächeren Magnetfeld als dem natürlichen konfrontiert – mit einer Feldstärke, die etwa einem Zehntel des Erdmagnetfelds entsprach.

Das Ergebnis: Von 1000 Testpersonen berichteten 80 Prozent anschließend über spirituelle Erfahrungen. Die Schilderungen waren höchst individuell. Einige Probanden hatten Schutzengel gesehen, andere erzählten von einem glückhaften Schwebezustand. Selbst gestandene Atheisten gaben spirituelle Erlebnisse zu Protokoll, das Gefühl beispielsweise, sie hätten sich eins mit dem Universum gefühlt. Und manche sprachen sogar von einer Begegnung mit Gott. Ganz gleich also, ob es sich um orthodoxe Juden, fundamentalistische Christen, Agnostiker oder Atheisten handelte, sie alle hatten übereinstimmende Begegnungen mit göttlichen Erscheinungen gehabt.

Wie muss man dies bewerten? Provokant gefragt: Fand Persinger den Beweis dafür, dass Spiritualität nur das Ergebnis einer physikalischen Manipulation ist? Oder sind die neuerdings veränderten Frequenzen des Erdmagnetfelds ein Beweis dafür, dass ein höheres Wesen Kontakt mit uns aufnimmt? Und zwar, indem es Hirnregionen stimuliert, die uns spirituelle Erfahrungen ermöglichen?

Die Manipulationsthese vertrat Persinger selber, der Erfinder der Versuchsanordnung. Er meinte bewiesen zu haben, dass Glaube und Spiritualität nichts weiter seien als eine Einbildung. Für ihn galt die simple Mechanik von Ursache und Wirkung. Doch der Mensch ist ein komplexes Wesen, keine Maschine. Seit sich der Forschungszweig der Neurochemie etablierte, können wir die Frage anders stellen: Sind Bewusstseinsveränderungen verursacht durch neurologische Abweichungen, oder sind diese messbaren Abweichungen nur eine Begleiterscheinung?

Nehmen wir ein einfaches Beispiel. Mit Sicherheit waren Sie schon einmal verliebt. Sie waren gleichsam berauscht von jemandem, Sie waren fasziniert und hatten nur noch im Sinn, diesem geliebten Menschen nahe zu sein. War das Einbildung? Neurochemiker können detailliert nachweisen, welche Botenstoffe in unserem Gehirn gebildet werden, wenn wir uns verlieben. Welche sogenannten »Glückshormone« dann ausgeschüttet werden, die uns in diesen herrlichen Zustand der Seligkeit versetzen.

Ist Liebe also nur ein chemischer Vorgang in unserem Hirn? Niemand, der jemals geliebt hat, wird diese Erklärung akzeptieren. Die Liebesfähigkeit gehört zu unserem Menschsein, ohne sie wären wir arm. Wer Liebe herablassend als eine bloße neurochemisch bedingte Halluzination abtut, verdient unsere tiefste Skepsis. Sicher, Gefühle sind subjektiv. Und manchmal erweist sich der geliebte Mensch im Laufe der Zeit als eine Enttäuschung. Dennoch würden wir diese Liebeserfahrung nicht missen wollen. Noch weniger würden wir sie als irreal bezeichnen. Ohne Liebe sähe unsere Welt anders aus. Ist nicht die Liebe unsere einzige Hoffnung auf ein menschenwürdiges Dasein?

Kommen wir nun zur Spiritualität zurück. Auch sie gehört unverzichtbar zum Menschsein. Selbst ein Atheist wird zuweilen spüren, dass es mehr zwischen Himmel und Erde gibt als wissenschaftliche Lehrsätze. Und genauso wie die Liebe lässt sich mittlerweile auch die Spiritualität neurochemisch analysieren.

Der amerikanische Mediziner Rick Strassman hat unter klinischen Bedingungen jahrelang mit gesunden Probanden gearbeitet. Er verabreichte ihnen DMT, einen Wirkstoff, der auch vom Körper selbst gebildet wird, sofern wir uns in einem bewusstseinsveränderten Zustand befinden. Dimethyltryptamin, abgekürzt DMT, hat erwiesenermaßen eine bewusstseinserweiternde Wirkung. Der Stoff wird im Gehirn ausgeschüttet, während Menschen sich »erleuchtet« fühlen, aber auch, wenn sie beispielsweise Nahtoderfahrungen machen – wenn sie also beim Herztod Visionen eines Tunnels oder eines Lichts gehabt haben.

Führt man diesen Stoff künstlich zu, kann man die gleichen Wahrnehmungen hervorrufen. So wie Persinger mit seinem sogenannten »Religionshelm« konnte Strassman spirituelle Erfahrungen gleichsam stimulieren – durch die Injektion von Neurotransmittern. Die Ergebnisse widersprechen sich nicht: Denn heute weiß man, dass Persingers Magnetfeldversuche im Gehirn zur Bildung von körpereigenem DMT führten. Alle Probanden, die sich übrigens nicht kannten, hatten die gleichen Erfahrungen gemacht. Sie beschrieben Landschaften mit den gleichen Farben, konnten Wesenheiten, die sich dort aufhielten, in allen Einzelheiten schildern. Diese Ergebnisse sind umso bemerkenswerter, weil sie offensichtlich kein Produkt persönlicher Einbildungen waren – sonst hätten nicht alle Testpersonen ähnliche Dinge wahrgenommen.

Persinger dehnte seine Versuche oft über mehrere Tage aus, um seine Ergebnisse zu verifizieren. Immer kehrten die Testpersonen innerhalb von wenigen Sekunden in diese andere Welt zurück. Alles war wieder da, die Farben und Formen, auch die Wesenheiten. Aber die agierten jedes Mal anders. Es handelte sich also nicht um die Wiederholung eines Filmes, sondern die Probanden besuchten eine kontinuierlich existierende höhere Ebene.

Für mich kam diese aufsehenerregende Studie einer Sensation gleich. Persinger, der sich selbst als Religionskritiker versteht, hatte mit seinen Studien indirekt den Beweis geliefert, dass auch natürliche Schwankungen des Erdmagnetfelds religiöse und spirituelle Wahrnehmungen begünstigen, Gotteserfahrungen, spontan ausgelöst durch veränderte Magnetfelder. Skeptiker konnten immer noch einwenden, dass Persinger »Einbildungen« erzeugte.

Meine Schlussfolgerung war eine andere: Erstens konnte man nun beschreiben, was sich physiologisch tut, wenn jemand spirituelle Dinge erlebt. Zweitens drehte ich den Spieß um: Diese Dinge waren keine Halluzination. So wie die Liebe auch, ließ sich zwar alles erklären, doch der Grund musste außerhalb des mechanistischen Denkens liegen. Es musste ein Sinn darin liegen.

So erschloss sich mir der Zusammenhang. In groben Zügen zusammengefasst kann man sagen: Seit Jahren diagnostizieren Physiker ein Abnehmen der Intensität unseres Erdmagnetfelds. Dieser Vorgang steht in engem Zusammenhang mit den schwächeren Sonnenaktivitäten. Es ist eine Art Kettenreaktion: Weniger Eruptionen bedeuten weniger Teilchenausstoß, entsprechend erhält das physikalische System der Erde weniger elektrische Impulse, um die Normalwerte aufrecht zu erhalten. Die Folge: Unser Erdmagnetfeld wird schwächer. Mit allen Konsequenzen für unseren seelischen Haushalt, bis hin zu jenen Beobachtungen, die Persinger aufzeichnete: Wir sind aufnahmebereiter für »Übersinnliches«, für Wahrnehmungen, die uns spirituellen Erfahrungen näher bringen.

Was Persinger unter Versuchsbedingungen getestet hat - die Reaktion auf ein deutlich schwächeres Magnetfeld – betrifft neuerdings uns alle. Nach allem, was ich an Wissen über diese Phänomene sammeln konnte, gibt es nur eine Schlussfolgerung: Gesteuert durch die Sonne, haben wir es mit einer kollektiven Bewusstseinsveränderung zu tun. Die einen spüren sie stärker, die anderen weniger. Viele ignorieren sie einfach, um sich nicht verunsichern zu lassen. Doch sie ist nachweislich da.

So unbegreiflich es auch scheint: Die Sonne sendet uns therapeutische Frequenzen, die uns helfen, unsere gewohnten Denkmuster zu überschreiten. Sehr wahrscheinlich dienen sie der Vorbereitung auf 2012. Und es liegt auf der Hand, dass nur jene, die früh beginnen sich damit auseinander zu setzen, ohne Furcht und Abwehr auf die letzte große Schwankung reagieren können. Es ist also von höchster Wichtigkeit, die Zeitspanne bis 2012 zu nutzen. Auf die Zeichen zu achten, auf die kleinen und größeren Irritationen der Wahrnehmung, die uns auffallen.

Ich gebe Ihnen ein Beispiel. In letzter Zeit treffe ich immer häufiger Menschen, die mir von optischen Erscheinungen wie beispielsweise Lichtblitzen berichten, welche keiner logischen Ursache zugeordnet werden können. Zunächst haben sie versucht, diese Blitze rational zu erklären. Sie vermuteten, dass ein Autoscheinwerfer jäh ins Zimmer leuchtete oder dass ein anderes helles, sich bewegendes Objekt eine kurzzeitige Lichtspiegelung verursachte. Doch diese Ursachen schieden meist aus. Da war nichts, was einen Blitz hätte hervorrufen können. Ähnlich verhält es sich mit der Wahrnehmung von unerklärlichen Schatten, die plötzlich vorbeihuschen. Und das, obwohl niemand im Raum ist, weder ein Mensch noch ein Haustier.

Man kann das alles achtlos beiseite schieben. Man kann sich solcher angeblichen »Hirngespinste« schämen und sie für sich behalten. Wer will sich schon vorwerfen lassen, dass er »nicht ganz richtig im Kopf« sei? In dem Augenblick aber, wo man diese Wahrnehmungen nicht ignoriert, sondern achtsam wird, findet man rasch andere Menschen, die das Gleiche erlebt haben. Etwas geschieht mit uns. Wir erhalten Zeichen. Unser Gehirn steht offenbar auf Empfang. Wir werden durchlässig für Erfahrungen, die noch im Bereich des Rätselhaften liegen mögen, aber auf jeden Fall Vorboten sind. Die Zeit scheint reif für jeden von uns, unsere Grenzen zu überwinden.

Die Grenzen, von denen ich hier spreche, betreffen dabei sehr konkret unsere Wahrnehmung. Aus der Hirnforschung wissen wir, wie von außen kommende Reize verarbeitet werden. Eine zentrale Rolle spielt dabei der sogenannte Bergson-Filter. Unsere Sinnesorgane werden pro Sekunde mit 40 Milliarden Informationsbits wahrhaft bombardiert. Würden sie alle im Gehirn unterschiedslos bearbeitet und ausgewertet, so müssten wir vor der Überzahl an Informationen kapitulieren. Daher filtern wir nur die relevanten Wahrnehmungen heraus; es findet eine Selektion statt. Was in unser Bewusstsein dringt, sind nur etwa 30 Bits, also verschwindend wenig, gemessen an der Vielzahl verfügbarer Informationseinheiten.

Zu den nicht genutzten Wahrnehmungen gehören alle Dinge, die wir als unwichtig erachten. Wir fokussieren uns, um zielgerichtet handeln zu können. Wir blenden alles aus, was uns dabei stören könnte. Wie Sie sich leicht vorstellen können, sind die Parameter, mit denen Wichtiges von Unwichtigem unterschieden wird, von persönlichen Einstellungen und Vorlieben oder Abneigungen abhängig. Vielleicht sind Sie zum Beispiel besonders geruchsempfindlich. Dann ziehen Sie sich zurück, sobald ein grelles Parfum oder ein übler Duft Sie stört, während Ihr Gegenüber gar nicht versteht, warum Sie so heftig reagieren.

Die Pointe des Bergson-Filters ist, dass er auf Lernprozessen beruht. Wir lernen unbewusst, was wir ausblenden sollten und was nicht. Entsprechend werden beispielsweise Lichtblitze zwar wahrgenommen, aber zumeist eine Sekunde später schon als unwichtig verdrängt und vergessen. Lichtblitze? Das muss eine Täuschung sein, reden wir uns ein. Die Wahrheit sieht anders aus: Durch das veränderte Erdmagnetfeld werden wir empfänglicher für das, was wir sonst nicht so leicht in unser Bewusstsein vordringen lassen. Wie gesagt: Wir sind auf Empfang geschaltet.

Wenn ich also von einer Bewusstseinsveränderung spreche, so dient die umfassendere Wahrnehmungsbereitschaft dazu, unser Bewusstsein zu erweitern. Wir haben alle Voraussetzungen, die wir dazu brauchen. Und wir haben sozusagen kosmischen Rückenwind, um jetzt mehr zu spüren und zu sehen als noch vor wenigen Jahren.

Wie nun können Sie bewusst teilhaben an diesem magischen Prozess? Wie können Sie aktiv Ihr Bewusstsein erweitern, um diese günstigen Umstände zu nutzen? Das sind die Schicksalsfragen, die uns mit 2012 gestellt werden.

Beginnen Sie bei sich selbst. Die Umstände dafür sind vorteilhaft wie nie zuvor, denn Sie haben jetzt kosmische Unterstützung. Durch die jetzt schon veränderten Erdmagnetfelder sind Sie aufnahmebereiter für einen mentalen Wandel als jemals zuvor. Die uralte Formel des »Erkenne dich selbst« gilt auf ganz neue Weise.

Im vorangehenden Kapitel haben Sie praktische Hinweise für das Verhalten im Ernstfall bekommen. Genauso wichtig aber ist es, dass Sie sich seelisch und geistig mit dem auseinandersetzen, was sich ankündigt. Es geht um Sie, um Sie ganz persönlich, um Ihr Bewusstsein, Ihr Selbstbild, Ihre Lebensentwürfe.

Um diesen Prozess der Selbsterkenntnis einzuleiten, stellen Sie sich eine ganz einfache Frage: Mögen Sie sich? Lieben Sie sich? Kennen Sie sich überhaupt? Das sind ungewohnte Fragen. Ganz sicher sind sie unbequem. Lassen Sie mich erzählen, wie ich mich auf die Suche nach Antworten machte.

Ich selber habe tiefe Krisen durchlebt. Ich habe Menschen verloren, die ich liebe, ich habe ein Vermögen verloren, feste Jobs, Anerkennung, Freunde. Die Liste meiner Verluste ist lang. Irgendwann war ich am Nullpunkt angekommen. Ich hatte nichts mehr, war nichts mehr, fühlte mich völlig alleingelassen. Dies war der Moment, als ich nicht mehr anders konnte, als eine Bestandsaufnahme meines Ichs zu machen. Damals begann ich, Verabredungen mit mir selbst zu treffen. Ich weiß, dass das etwas paradox klingt, schließlich sind wir nie von uns selbst getrennt. Doch durch meine Verluste war ich auch mir selbst abhanden gekommen. Ich musste mich wiederfinden. So verfiel ich auf die Idee, mich mit mir selbst zu verabreden.

Schauen Sie in Ihren Terminkalender. Vermutlich ist er prall gefüllt. Unterschiedlichste Aufgaben und Pflichten bestimmen Ihren Alltag, Sie funktionieren nach Plänen, die nicht immer Ihre eigenen sind. Nun suchen Sie sich einen Tag aus, an dem Sie Zeit haben. Bestimmen Sie Uhrzeit und Ort für das Date mit Ihrem Ich. Sorgen Sie für absolute Ruhe. Stellen Sie Ihr Handy aus und gehen Sie sicher, dass niemand Sie stört. Dann treten Sie vor einen Spiegel. Schauen Sie sich in die Augen. Halten Sie den Blick. Weichen Sie nicht aus, konzentrieren Sie sich ganz auf Ihre Augen, die manche Philosophen die »Fenster zur Seele« nennen.

Was sehen Sie? Ich habe mittlerweile einige Erfahrungen mit dieser Übung. Es fiel mir anfangs schwer, mir selbst in die Augen zu schauen. Der Blick schweifte ab, verfing sich in Details meines Gesichts. Doch ich zwang mich beharrlich, zu meinen Augen zurückzukehren. Dann passierte etwas Seltsames: Mein Eindruck war, dass ich hinter meine Augen sehen konnte. Es war recht schockierend, das gebe ich zu. Was ich immer intensiver erlebte, lässt sich am ehesten mit dem 3-D-Sehen vergleichen. Sie kennen sicherlich diese 3-D-Bücher mit grafischen Mustern. Schaut man eine Weile auf diese Muster, so ergeben sich dreidimensionale, also räumliche Bilder – eine übergeordnete Ebene.

Plötzlich sah ich Augen, die nicht meine zu sein schienen. Zunächst hielt ich es für eine optische Täuschung. Dann oszillierte die Frequenz der verschiedenen Augenformen immer schneller, ich sah Augen, die nicht einmal menschlich wirkten, und doch gehörten sie zu meinem Ich, das war mir intuitiv klar.

In der darauffolgenden Phase sah ich Erlebnissequenzen aufblitzen, die ich längst verdrängt hatte: Es waren Erlebnisse, in denen ich Schuld auf mich geladen hatte. Nun empfand ich große Reue. Gleichzeitig geriet ich in Verzweiflung, ich hätte am liebsten laut geschrien: »Das habe ich nicht gewusst, das habe ich doch gar nicht gewollt!« Ich fühlte mich wie jemand, der in betrunkenem Zustand etwas Schreckliches getan und es schon am nächsten Tag vergessen hatte. Nun wurden mir die entsprechenden Sequenzen gewissermaßen im nüchternen Zustand noch einmal vorgespielt, und ich war untröstlich: Das war alles ich.

Was ich beim Blick in den Spiegel erlebte: Ich schaute in meine Seele. Ich sah Abgründe, die ich lange verdrängt hatte. Situationen wurden sichtbar, in denen ich Fehler gemacht hatte, in denen ich Menschen verletzte. Ich erschrak zutiefst. Das also war ich? Dieses Minenfeld der Verfehlungen und Entgleisungen?

Doch ich war längst noch nicht am Ende meines Experiments angelangt. Je länger ich mir selbst zusah, desto stärker konnte ich mich mit jenen identifizieren, denen ich etwas angetan hatte. Die Täter- und die Opferperspektive verschmolzen. Ich war Täter und Opfer zugleich. Auf diese Weise konnte ich den schrecklichen Zustand des Schuldbewusstseins auflösen: durch einen emotionalen Akt, der mich unendlich erschütterte. Meine Gefühle waren der Schlüssel, das Erschrecken, meine aufrichtige Reue. Ich bat um Verzeihung, ich flehte geradezu.

Dann kam schon die nächste Szene, und sie wirkte noch weit intensiver auf mich. Nach einer Weile veränderte sich das Bild. Auf einmal lag mein Ich wie eine Landschaft vor mir. Ich sah zerklüftete Felsen, ich sah aber auch liebliche Täler und reine Quellen. Ich erfasste das gesamte Spektrum meines Ichs. Es war ein fast heiliger Moment. Alles verstummte, was mich von außen beschrieb – die Einschätzungen Anderer, die Urteile, die man über mich fällte. Plötzlich gehörte ich mir ganz allein. Ich erkannte, wer ich bin, wo meine Schwächen und Stärken liegen.

Indem ich meine dunklen Taten ein weiteres Mal erlebte, nun aber im Zustand tiefster Erschütterung und Reue, konnte ich sie auflösen. Das hatte mit dem Verschwimmen der Grenzen von Täter und Opfer zu tun. Die tiefe Erkenntnis, die ich daraus zog, war folgende: Alles, was ich anderen angetan hatte, hatte ich zugleich mir angetan. Ich begriff: Die anderen sind ein Teil von mir. Als ich sie verletzte, deformierte ich mich selbst.

Schauen Sie in den Spiegel. Sie werden dann verstehen, warum manche schuldbeladenen Leute sagen: »Ich kann nicht mehr in den Spiegel sehen.« Beschäftigen Sie sich mit Ihrer Schuld. Der Moment dafür ist gekommen. Denn Sie sind sensibilisiert durch die geomagnetischen Anomalien, die unmittelbaren Einfluss auf unser Gehirn haben. Ich verspreche Ihnen: Wenn Sie dieses Experiment an sich durchführen, werden Sie danach nicht mehr dieselbe oder derselbe sein. Es ist ein Transformationserlebnis, das Sie nicht ohne weiteres mehr rückgängig machen können. Mag sein, dass Sie dennoch manchmal in alte Handlungsmuster zurückfallen – dann wiederholen Sie die Konfrontation mit Ihrem Spiegelbild.

Allein schon die Gelegenheit, sich selbst zu erkennen, ist unschätzbar. Die Gewissheit, dass es hinter der Normalität etwas anderes gibt, ein Archiv all unserer Verfehlungen und der Wegweiser, sie zu überschreiten. Das ist eine ungeheure Selbsterfahrung. Dabei gibt es keine Unterschiede zwischen lang vergangenen Ereignissen und dem Augenblick. Die Zeit steht still. Bestimmte Dinge existieren außerhalb der Zeitlichkeit, das werden Sie erkennen. Wenn Sie dann in Ihren Alltag zurückkehren, so wird Ihre Aufmerksamkeit geschärft sein. Sie werden achtsamer, Sie beginnen, Ihre Gedanken und Ihre Handlungen einer Gewissensprüfung zu unterziehen.

Nennen wir es eine kontrollierte Aufmerksamkeit. Sie entspringt der Tatsache, dass Sie nun die Konsequenzen Ihrer Einstellungen und Ihrer Handlungen im Blick haben. Es wird Ihnen bewusst, welche Auswirkungen Ihr Verhalten hat. Idealiter werden Sie so zu Ihrem »höheren Selbst« geführt. Eine innere Instanz zeigt Ihnen, was gut und was böse ist. Sie können sich selbst beobachten, von einer höheren Warte aus. Wir kommen uns gleichsam auf halbem Wege selbst entgegen.

Dieser Vorgang gehört zu den wichtigsten Vorbereitungen für 2012. Wer sie nicht trifft, wird in diesem Jahr durch die zu erwartende kosmische Strahlung und das veränderte magnetische Feld all das schockhaft durchmachen müssen, wie einen Crash-Kurs. Es ist fraglich, ob das überhaupt verkraftet werden kann. Insofern sollten wir diese Vorarbeit leisten. Sie wird die Wirkungen von 2012 mildern, sie wird uns die finale Transformation erleichtern und uns die Angst davor nehmen.

Als ich die nächsten Male bewusst vor dem Spiegel stand, wurde ich reich belohnt. Das erste Unbehagen war längst verflogen. Und dann durchströmte mich ein Glücksgefühl. Ich konnte mich annehmen. Und, ja, ich konnte mich lieben. Mit allem, was ich war, mit allem, was mich ausmachte, im Guten und im Bösen. Das war die Basis meiner weiteren spirituellen Entwicklung: dieses Grundgefühl der Liebe und der Freude. Ich spürte, dass ich einen Wert hatte, dass ich geben konnte und nehmen durfte. Es war ein Moment, in dem ich mich neu fand.

Vermutlich kennen Sie die Redewendung, dass man »mit sich selbst ins Reine« kommt. Das war es, was ich erlebte. Versuchen Sie es. Anfangs mag sie Ihnen etwas verschroben vorkommen, diese Verabredung mit sich selbst. Aber bald schon werden Sie merken, wie wichtig sie werden kann. Ist es nicht nahezu verrückt, dass wir uns um alles kümmern, um unsere vier Wände, unsere Arbeit, um Familie und Freizeit, dass wir dabei aber unsere Seele vergessen? Müssen wir sie nicht genauso beobachten, pflegen und entwickeln wie alles andere?

Wenn Sie die Spiegelübung absolvieren, so sollten Sie mit einigen Überraschungen rechnen, und nicht alle werden angenehm sein. Doch Sie werden im wahrsten Sinne des Wortes einen inneren Reinigungsprozess erleben. Sie werden sich von alten Gewissheiten trennen können und offen für Neues sein.

Eine weitere Übung kann Sie dabei ein gutes Stück nach vorn bringen. Auch diese Übung gehört zu meinem geistigen Handgepäck, das ich stets bei mir habe. Stellen Sie sich vor, Sie müssten morgen auf eine einsame Insel reisen, für lange Zeit. Mitnehmen dürfen Sie nur, was in einen Rucksack passt. Beginnen Sie, vor Ihrem geistigen Auge den Rucksack zu packen. Wenn er voll ist, schauen Sie sich an, was Sie ausgewählt haben. Ist es wirklich wichtig für Sie? Sind das Dinge, die Sie für den Aufbruch in ein anderes Leben wirklich brauchen? Sind das die Bücher, die Sie immer wieder lesen möchten? Sind das die Nahrungsmittel, die Sie stark und gesund halten? Sind das die Fotos, die unwiederbringliche Erinnerungen enthalten? Oder schleppen Sie mit den ausgewählten Gegenständen ein Leben mit, das Sie nie sonderlich mochten?

Es ist ein interessantes Experiment, sich einmal über seine unentbehrliche – auch geistige – Grundausstattung Gedanken zu machen. Vielleicht packen Sie das eine oder andere wieder aus. Vielleicht werden Sie am Ende sogar feststellen, dass Sie eigentlich gar nichts mitzunehmen brauchen, weil alles in Ihnen ist. Und vielleicht werden Sie erkennen, dass wir uns manchmal an Gegenstände klammern, die längst keine Bedeutung mehr für uns haben.

Diese Übung kann wie das Spiegelexperiment einen Reinigungsprozess einleiten. Wenn Sie sie absolvieren, wird Ihnen möglicherweise die Prophezeiung der Maya in den Sinn kommen. Das Göttliche in uns ist nicht das, was in einen Rucksack passt. Das Göttliche in uns ist unser ungeheures Potenzial an Gedanken, Empfindungen und Wertvorstellungen, das wir nur zu oft ungenutzt brachliegen lassen. Wir haben unermessliche Fähigkeiten, die uns ein glückliches Leben vermitteln können. Ich fasse sie in dem Begriff »gelebte Freude« zusammen. Dies ist der Schlüsselbegriff für den »neuen Menschen«.

Stellen Sie sich eine Welt vor, in der Liebe und Freude höchste Priorität haben. Was für eine wunderbare Welt wäre das! Es liegt nahe, die Heilserwartung der Maya in diesem Sinne zu interpretieren. Das Wesen aller höheren Spiritualität ist Gelassenheit, Empathie, Friedfertigkeit und Freude. Die therapeutischen Frequenzen der Sonne sind wie dafür gemacht, dorthin zu finden.

CHECKLISTE
»Mit sich ins Reine kommen – wie Sie die spirituelle Chance nutzen«

1. Machen Sie eine Bestandsaufnahme Ihres jetzigen Lebens.
   - Sind Sie glücklich?
   - Was belastet Sie?
   - Wie stellen Sie sich eine bessere Zukunft vor?
   - Welche Ihrer existenziellen Entscheidungen haben sich als richtig erwiesen, welche als falsch?
   - Was bereitet Ihnen Freude?

2. Packen Sie gedanklich einen Rucksack, mit dem Sie
   längere Zeit auf einer einsamen Insel ausharren könnten.
   – An welchen Gegenständen hängen Sie?
   – Auf welche Genussmittel können Sie nicht verzichten?
   – Welches Buch würden Sie immer wieder lesen?
   – Welche Musik möchten Sie für Ihren Walkman,
     transportablen CD-Player oder iPod mitnehmen?
   – Welche Erinnerungsstücke sind Ihnen wichtig?
   – Wovon möchten Sie sich gern trennen?
   – Sind Sie offen für neue Erfahrungen?

3. Versuchen Sie das Spiegel-Experiment.
   – Verabreden Sie sich mit sich selbst.
   – Nehmen Sie sich viel Zeit.
   – Sorgen Sie dafür, dass Sie nicht gestört werden.
   – Schalten Sie Ihr Handy aus.
   – Stellen Sie sich in lockerer Haltung vor einen Spiegel.
   – Schauen Sie sich in die Augen.
   – Halten Sie den Blickkontakt.
   – Lassen Sie alle Wahrnehmungen zu, auch solche,
     die schmerzhaft sind.
   – Durchleben Sie traumatisierende Situationen und
     Schuldgefühle ein weiteres Mal.
   – Konzentrieren Sie sich auf die Menschen, die Sie
     glücklich gemacht haben und auf die, die Sie verletzt
     haben.
   – Versuchen Sie diese Erfahrungen ganzheitlich zu
     bewerten.
   – Stehen Sie zu sich.

4. Gehen Sie konstruktiv mit Ihren Krisen um.
   - Ziehen Sie eine Bilanz Ihrer tiefsten Krisen.
   - Fühlen Sie den Schmerz.
   - Überlegen Sie, welche positiven Veränderungen es nach diesen Krisen gab.
   - Ziehen Sie ein Resümee, welche belastenden Umstände, Menschen und Gefühle Sie durch Ihre Krisen hinter sich lassen konnten.
   - Spüren Sie der Freiheit nach, die Sie empfunden haben.
   - Lassen Sie Ihr Leben Revue passieren und achten Sie darauf, in welchen Momenten Entwicklungsschritte eingeleitet wurden.
   - Lassen Sie die Vision zu, welche Krise sich vielleicht zurzeit schon ankündigt, auch wenn Sie sie noch verdrängen.
   - Visualisieren Sie Ihre persönliche positive Utopie, wie Ihr Leben nach der nächsten Krise aussehen könnte.

5. Schulen Sie Ihr Bewusstsein, da Sie jetzt kosmische Unterstützung dafür erhalten.
   - Achten Sie verstärkt auf Ihre Wahrnehmungen, auch auf solche, die Ihnen zunächst unwichtig erscheinen.
   - Fahren Sie Ihre Filter herunter und lassen Sie Beobachtungen aller Art zu.
   - Versuchen Sie, Ihre eigene Ausstrahlung zu erfühlen: Ist es Gleichgültigkeit, Freude, Hass?
   - Setzen Sie sich in ein Straßencafé oder auf eine Parkbank. Nehmen Sie alles bewusst wahr: Die Sonne auf Ihrer Haut, den Straßenlärm, den Gesang der Vögel, die Stimmen der Menschen.

- Hören Sie auf Ihre Intuition; trainieren Sie ihr »Bauch-gefühl«, ohne es sogleich vom Verstand korrigieren zu lassen.
- Falls eine wichtige Entscheidung ansteht, lassen Sie Ihre Intuition entscheiden.

6. Nehmen Sie Kontakt mit Ihrem Unterbewusstsein auf.
   - Welche Botschaften bekommen Sie?
   - Welche Gefühle sind gefesselt?
   - Welche Wünsche und Sehnsüchte haben Sie ad acta gelegt?
   - In welchen Situationen brechen Sie in Tränen aus?
   - Woran werden Sie dann erinnert?

7. Beschäftigen Sie sich mit Ihren spirituellen Bedürfnissen.
   - Haben Sie einen Glauben?
   - Leben Sie diesen Glauben durch Rituale?
   - Gibt es Menschen in Ihrem Umfeld, die Ihre spirituellen Bedürfnisse lächerlich finden?
   - Sind Ihnen diese Menschen wichtig?
   - Kennen Sie Menschen, mit denen Sie über Spiritualität sprechen können?
   - In welchen Momenten haben Sie spirituelle Erfahrungen gemacht?
   - Haben Sie sich schon einmal eins mit dem Kosmos gefühlt?

8. Deuten Sie die Zeichen, die Ihnen begegnen.
   - Steigen manchmal unwillkürlich Bilder in Ihnen auf?
   - Was für Bilder sind das?

- Sind Bilder dabei, die Sie mit Freude erfüllen?
- Haben Sie Wahrnehmungen von Schatten oder Licht-
  blitzen, für die es keine rationalen Erklärungen gibt?
- Haben Sie jemals mit jemandem darüber gesprochen?
- Haben Sie Angst, für verrückt erklärt zu werden, wenn Sie
  von solchen Wahrnehmungen erzählen?
- Versuchen Sie nun, diese Zeichen zu deuten und zu
  verstehen; das kann ein Traum sein, ein Sonnenstrahl,
  der plötzlich durch die Wolken bricht, oder die dunkle
  Ausstrahlung eines Menschen.

9. Sensibilisieren Sie sich für Schwankungen des Erdmagnet-
   felds.
   - Achten Sie auf Tage, an denen Sie sich deutlich anders
     fühlen als sonst.
   - Beobachten Sie, wie Sie an diesen Tagen gestimmt sind.
   - Charakterisieren Sie diese Tage: Sind es aggressive,
     friedfertige, gut gelaunte, traurige Tage?
   - Überlegen Sie, ob es Anlässe für Ihre Stimmungsverän-
     derungen gibt, oder ob Sie wie aus dem Nichts kommen.
   - Seien Sie besonders aufmerksam an Tagen, an denen
     Sie Unfälle oder Streitigkeiten beobachten. Es ist sehr
     wahrscheinlich, dass eine Magnetfeldschwankung zu
     allgemeinem Konzentrationsverlust und erhöhter
     Aggressionsbereitschaft führt. Wappnen Sie sich
     dagegen.
   - Führen Sie ein Tagebuch über alle Auffälligkeiten und
     versuchen Sie die Muster zu erkennen.

10. Nehmen Sie Kontakt mit Ihrem »höheren Selbst« auf.
    – Welche Talente und positiven Eigenschaften besitzen Sie?
    – Leben Sie diese positiven Fähigkeiten aus?
    – Haben Sie eine innere Werte-Instanz, nach der Sie sich richten?
    – Stellen Sie sich so vor, wie Sie wären, wenn Sie die günstigsten Bedingungen hätten.
    – Halten Sie diese Vision. Visualisieren Sie sich als verantwortungsbewussten, glücklichen Menschen.
    – Spüren Sie Situationen nach, in denen Sie sich in Harmonie mit der Welt befinden.

3. KAPITEL

AUF DEM PRÜFSTAND –
WIE SIE BEZIEHUNGEN KLÄREN

Falls Sie in der letzten Zeit eine Buchhandlung aufgesucht haben, werden Ihnen die vielen Titel aufgefallen sein, die sich mit unserem Lebensglück beschäftigen. Glücksformeln werden gesucht, Herzmagneten beschworen, Geheimnisse der Zufriedenheit ergründet. Daneben reihen sich Buchrücken an Buchrücken die Ratgeber, die unsere Beziehungen coachen: Wie wir den »Richtigen« oder die »Richtige« finden, wie wir Partnerschaften besser gestalten, wie wir unsere Kinder erziehen sollen.

Die Verunsicherung ist groß. Ausgerechnet das, was eigentlich als selbstverständlicher Lebenszweck erscheint, Liebe, Familie, Zufriedenheit, ist zum Rätsel geworden. Wie können wir Glück empfinden? Fällt es uns eines Tages in den Schoß? Oder müssen wir hart daran arbeiten? Helfen uns Ratgeber weiter? Haben wir überhaupt die Möglichkeit, in einer durchorganisierten Welt unseren eigenen Weg zu finden? Wie viel Spielraum bleibt uns?

Wir sehnen uns nach Harmonie, nach stabilen Beziehungen. Gleichzeitig sind wir uns bewusst, dass hinter jeder Option tausend andere warten. Daher sind wir rastlos auf der Suche. Es scheint also ganz so, dass wir jede Menge persönlicher Baustellen haben, an denen wir herumwerkeln.

Die hohen Scheidungsquoten sind dabei nur die Spitze des Eisbergs. Keine Statistik erfasst die vielen scheiternden Beziehungen von kurzer Dauer, den Kummer, den immer mehr Menschen mit sich herumtragen, das Gefühl der Einsamkeit. Sichtbar dagegen ist, dass immer weniger Kinder geboren werden. Ganz offensichtlich haben wir das Vertrauen in die Zukunft verloren.

Ich zähle all das auf, um Sie zu sensibilisieren für die Gegenwart. Denn so rosig ist sie nicht. Wir leben ganz sicher nicht in der »besten aller Welten«, wie es der Philosoph Leibniz noch formulierte. Unsere Zivilisation hat nicht nur viele strukturelle Krisen zu verzeichnen, was Gesellschaft und Ökonomie betrifft, sie zeigt auch in einzelnen Schicksalen Spuren der Zersetzung. Familien zerfallen, Bindungen bestehen nur auf Zeit, wenn überhaupt. Die Bilanz ist ernüchternd.

Wenn Sie nun bedenken, dass uns Instabilität und Wandel bevorstehen könnten, dann sollten Sie sich fragen: Warum bereitet Ihnen das Furcht? Gibt es wirklich so Vieles, an das Sie sich klammern müssten? Kann es Ihnen wirklich so schwer fallen, offen für einen Transformationsprozess zu sein? Oder warten Sie sogar insgeheim darauf?

Ich bin alles andere als ein Pessimist. Im Gegenteil: Meine eigene Biografie ist ein Beispiel dafür, dass man Entwicklungen annehmen sollte – auch dann, wenn sie zunächst mit Befürchtungen einhergehen. Die tendenziell katastrophalen Ereignisse, die uns 2012 bevorstehen, sind wie gesagt lediglich auf einen kurzen Zeitraum beschränkt. Sie haben bereits erfahren, dass Sie sich darauf in pragmatischer und mentaler Hinsicht vorbereiten können. Wenn Sie diesen Weg gehen, wird 2012 Ihr großes, entscheidendes, positives Jahr werden. In diesen Kontext gehören auch Ihre persönlichen Beziehungen.

Der Mensch lebt nicht als isolierter Organismus. Wir sind soziale Wesen, und wir sind immer dann am glücklichsten, wenn wir nicht nur mit uns selbst im Reinen sind, sondern auch mit unserem Umfeld. Grundlegend dafür ist eine authentische Selbstwahrnehmung. Darauf aufbauend kann nun der nächste Schritt erfolgen: die ehrliche und differenzierte Wahrnehmung all unserer Beziehungen.

Im vorangegangenen Kapitel habe ich skizziert, dass sich momentan unsere Wahrnehmung erweitert. Wir erleben einen Vorgang, der geradezu bahnbrechend ist: Unterstützt von den Sonnenaktivitäten und einem veränderten Erdmagnetfeld, werden wir sensibler. Unsere Filter werden heruntergefahren. Mit einemmal können sich uns Erkenntnisse erschließen, die uns bisher verborgen waren.

Die Voraussetzung dafür ist allerdings, dass wir aktiv werden. Es reicht nicht, dass wir uns allein auf die Macht der geomagnetischen Felder verlassen. Sie können nur verstärken, was wir bewusst wahrnehmen und umsetzen. Sie können nur wirksam werden, wenn wir auch die Hand ergreifen, die uns gereicht wird. So, wie nur jene austherapierten Krebspatienten überlebten, die sich nach der feldgestützten Selbsterkenntnis weiter mit sich selbst auseinander setzten.

Begeben wir uns also auf die dritte Etappe unserer virtuellen Reise. Während dieser Etappe wird es um Beziehungen aller Art gehen: um Liebesbeziehungen und Freundschaften, aber auch in einem generellen Sinne um unsere Beziehung zu anderen Menschen. Denn das Mysterium 2012 ist keine UFO-Fantasie. Es kündigt weder den Besuch außerirdischer Wesen an noch rasante Weltraumreisen. 2012 ist alles andere als ein verrückter Science-Fiction-Fiebertraum. Es ist ein Jahr, das essenziell uns Menschen und das Menschsein thematisiert. Und da wir soziale Wesen sind, geht es dabei auch wesentlich um unser Zusammenleben.

Wir haben jetzt die Gelegenheit, diese Dimension unseres Seins zu überdenken. Wir können in uns hineinhorchen, und wir können gewissermaßen alle unsere Antennen ausfahren, um eine Bestandsaufnahme zu machen: Wie lebe ich Beziehungen? Wie gehe ich mit anderen um? Welche Signale empfange ich von meinen Mitmenschen? Und wie werde ich durch sie beeinflusst?

Wer sich mit den Theorien der Ganzheitlichkeit beschäftigt hat, weiß um die Bedingtheit unserer Existenz. Er weiß, dass wir keine »Monaden« sind, keine isolierten Einzelwesen. Alles hängt mit allem zusammen. Wir stehen unablässig im Austausch mit unserem Umfeld und auch mit den Menschen unseres Umfelds. Schauen Sie zurück auf das Spiegel-Experiment: Dabei wurde mir klar, dass ich alles, was ich anderen angetan hatte, auch mir selbst zufügte. Es wäre eine Illusion anzunehmen, dass wir auf egozentrische Weise unser Glück finden könnten, womöglich auf Kosten anderer. Selbst ein Eremit orientiert sich abgrenzend an seinen Mitmenschen und ist auf unsichtbare Weise mit ihnen verbunden.

Soziales Handeln ist daher ein entscheidender Faktor für unser Lebensglück. Diese Erkenntnis hat bei unserem Thema hohe Relevanz. Auf einer geistigen Ebene, aber auch auf einer physisch nachweisbaren Ebene kommunizieren wir permanent mit anderen Menschen, sogar mit Tieren und Gegenständen. Das Medium dieser Kommunikation ist einmal mehr ein physikalisches: Wir alle haben unser eigenes Magnetfeld, so wie Tiere, Pflanzen, Wasser, Erde, Gestein. Ohne dass es uns bewusst wird, findet ein unablässiger Energiefluss statt. Wir sind Teil eines Systems. Und jedes Mal, wenn sich irgendetwas in diesem System verändert, verändern auch wir uns.

Ein weiteres Mal möchte ich Sie in die Welt der Mythen entführen, um diesen Aspekt deutlich zu machen. Warum? Weil die überlieferten Mythen aller Epochen und Regionen ein kostbarer Wissensspeicher sind, aus dem wir schöpfen können. Zu allen Zeiten haben die Menschen nach dem Einklang mit dem Kosmos gesucht. Sie haben Gottheiten angebetet und ihre Umwelt beobachtet, um die Gesetze der Harmonie zu finden. Die Basis aller Mythen sind Transzendenzerfahrungen – die Annahme, dass es hinter der sichtbaren Welt eine unsichtbare Welt zu entdecken gilt, in der es Hinweise auf Absichten, Ziele und den tieferen Sinn allen Seins gibt.

Der Mythenforscher C.G. Jung fand in allen Kulturen aufschlussreiche Leitideen, sogenannte Archetypen. Sie wurden meist durch Erzählungen dokumentiert, deren Helden ähnliche Abenteuer und Prüfungen bestehen mussten. Ob es sich um Odysseus handelt oder Parsifal, diese Figuren zogen aus, um nach dem Sinn zu suchen, nach dem Urgrund der Existenz und nach der eigentlichen Bestimmung der Menschheit.

Einer der Archetypen ist die Vorstellung, dass es eine Apokalypse geben könnte, das Ende der Welt – oder, besser gesagt, das Ende der bekannten Welt. Hier finden wir das Motiv der Transformation. Es speist sich aus dem Bedürfnis, sich jenseits des trivialen Überlebenskampfes mit höheren Mächten zu verbünden, um sich ihnen schließlich anzuverwandeln.

Einer der bekanntesten Mythen dieser Art wird im Alten Testament erzählt. Wir alle kennen die Geschichte von der Sintflut, die von Gott geschickt wird, um die Menschen auf ihren falschen Weg hinzuweisen und die Welt zu reinigen. Nur Wenige sind in dieser Geschichte erleuchtet und nehmen die Warnung ernst, weil sie längst begriffen haben, dass es Zeit für eine Umkehr ist. So baute Noah nach Darstellung der Bibel eine Arche, in die er sich mit seiner Familie flüchtete. Dazu nahm er von jeder Tierart ein Paar mit.

Man könnte auch sagen: Noah bewahrte die Welt in der Nussschale auf, um nach der Sintflut neu beginnen zu können. Noah bewies also Sinn für das große Ganze. Er rettete nicht nur sich selbst, sondern auch die Menschen, mit denen er lebte, und die Tiere, die zur Schöpfung gehörten. Er kannte das Gesetz des adäquaten sozialen Handelns.

Die Sintflut wird meist als Strafe Gottes interpretiert. Im Grunde jedoch ist sie ein unmissverständliches Zeichen dafür, dass Gott Kontakt mit den Menschen aufnahm, und zwar zu ihrem Wohle. Auch das, was uns 2012 bevorsteht, ist keine Strafe. Es wäre eine unzulässige Verengung des Blickwinkels, wenn wir meinen, wir müssten für unsere Verfehlungen büßen. Stattdessen sollen wir unsere Verfehlungen erkennen. Wir sollen ein Gespür dafür bekommen, was uns vom Göttlichen trennt.

Um diesem Geheimnis näher zu kommen, habe ich mich lange mit der Dimensionen-Theorie des Physikers Burkhard Heim auseinandergesetzt. Er war davon überzeugt, dass es zwölf Dimensionen des Seins gibt. In den unteren Bereichen sind die alltäglichen Dinge und Erfahrungen angesiedelt, in den höheren Ebenen verbergen sich die ewigen Gesetze des Seins, das »Ding an sich«, wie Immanuel Kant es nannte. Diese Gesetze, so Heim, sind unverrückbar und liegen außerhalb der Zeitlichkeit. Sie sind gewissermaßen das »ewige Jetzt«. Warum erkennen wir sie dann nicht?

Es liegt auf der Hand, dass wir uns im Alltag mit banalen Dingen beschäftigen. Wir sind Pragmatiker und handeln so, wie es der Moment erfordert. Doch immer wieder gab es Visionäre, die diesen engen Kreis durchbrachen. Sie konnten sehen, was anderen verschlossen blieb, die höheren Dimensionen, die Welt hinter der sichtbaren Welt. Die Maya hatten offenbar Seher und Visionäre, die Kontakt zu dieser höheren Welt besaßen. Mit ihren Prophezeiungen koppelten sie sich ab von den blinden Versuchen des Pragmatismus und gelangten zu einer transzendenten Gewissheit.

Eines lässt sich sicher sagen: Die Maya gingen davon aus, dass unsere Menschheitsgeschichte determiniert ist. Dass alles, was geschieht, auf ein Ziel hinausläuft und dass sich nichts zufällig ereignet. Das ist die Voraussetzung für jede Prophetie. Prophezeiungen wären sinnlos, wenn sie nicht mit dem Glauben an eine vorherbestimmte Entwicklung einhergingen. Sind wir also wahrhaft ferngesteuert? Sind wir machtlos? Können wir nichts tun, um auf die geschichtliche Entwicklung einzuwirken?

An dieser Stelle möchte ich einen Gedanken aus der modernen Physik einführen. Die These von der Unschärferelation, die Heisenberg entwickelte, gibt den Überlegungen eine neue Wendung. Heisenberg sagt, dass sich das Beobachtete durch die Beobachtung verändert. Indem wir etwas genau betrachten und analysieren, erschaffen wir eine andere Wirklichkeit. Ähnliches wissen wir aus der Ethnologie. Stellen Sie sich vor, ein Ethnologe besucht einen Indianerstamm am Amazonas. Er will dessen Alltag erforschen, die Riten, die Gebräuche. Allein durch den Umstand jedoch, dass er anwesend ist, verändert er das Verhalten der Indianer. Er kann nicht so tun, als würde er nicht bemerkt. Und die Indianer reagieren auf ihn, sie ändern ihr Verhalten.

Knapp gesagt: Es gibt keine objektiv zu beschreibende Welt. Erst die beobachtete Welt wird zur realen Welt. Daher ist es von größter Bedeutung, WIE wir die Welt wahrnehmen und bewerten – und dadurch verändern. Das Objektive, das Faktische ist das, was wir daraus machen. Auf der anderen Seite folgt daraus, dass die nicht beobachtete Welt streng genommen nicht existiert. Dies ist eine der Herausforderungen, vor der wir stehen: die Welt zu beobachten, sie wahrzunehmen, mit der ganzen Kraft von Sinneswahrnehmung und Intuition. In unserem Fall heißt das:

Was wir als Produkt unserer Handlungen sehen, ist weder Zufall noch einseitig von uns gesteuert – wir sind viel mehr aktive Mitspieler von Entwicklungen, die von außen an uns herangetragen werden.

Haben Sie's erkannt? Ja, wir haben Spielräume. Diese Handlungsspielräume ergeben sich aus der Verzögerung, die sich zwischen einer Prophezeiung und ihrem Eintreffen ergibt. Insofern sind wir angewiesen auf unsere seherischen Fähigkeiten, auf unsere Intuition, auf unsere Fähigkeit, etwas zu antizipieren.

Noch mehr angewiesen sind wir auf Seher, die ihr Talent zur Meisterschaft gebracht haben und in größeren Zeiträumen Dinge vorhersagen können. Das macht die Mythen zu unersetzlichen Quellen. Aus ihnen können wir Handlungsanweisungen heraus lesen – und damit das unausweichliche Geschehen mit beeinflussen. Wenn wir das Wissen der Visionäre nutzen, haben wir wertvolle Instrumentarien, mit denen wir aktiv werden können.

Ein weiteres Mal möchte ich in hier eine Geschichte des Alten Testaments erwähnen. Sie handelt vom Volk Israel zur Zeit der Gefangenschaft in Ägypten. Der Israelit Joseph hatte prophetische Träume. Eines Nachts träumte er, dass es sieben fette Jahre und sieben magere Jahre geben werde. Auf eine Zeit des Überflusses und der reichen Ernten werde eine Zeit der Dürre und des Mangels folgen, so sagte er es voraus. Der Pharao reagierte – und so wurden in den Kornkammern Vorräte angehäuft, die das Land in den mageren Jahren vor einer Hungersnot schützten. Das Beispiel zeigt anschaulich, wie sich Handlungsspielräume ergeben, auch dann, wenn man die Ereignisse selbst nicht ändern kann. Trifft man die richtigen Vorbereitungen, so sind die negativen Auswirkungen begrenzt. Jetzt kommen Sie ins Spiel. Achten Sie auf Ihre Träume? Hören Sie auf Ihre Intuition? Haben Sie manchmal ein »Bauchgefühl«, was passieren wird, wenn Sie sich so oder so entscheiden?

Da wir die Vorherrschaft des Verstandes akzeptiert haben, ignorieren wir Vieles, was uns helfen könnte. Das sollten Sie ändern. Denn nie zuvor waren Sie der Erkenntnis so nahe wie in den kommenden Jahren. Durch physikalische Einflüsse, die aus dem Kosmos auf uns einwirken, wird der »Schleier des Vergessens« weggezogen, der unsere Intuition und unsere seherischen Potenziale viel zu lange überdeckt hat. Jetzt können wir erkennen, wer wir wirklich sind: Geschöpfe, die man etwas pathetisch als Gotteskinder bezeichnen könnte.

Blasphemie? Nein, denn ich meine unsere Schöpferqualitäten, die bisher ungenutzt waren. Wir haben die Option, unsere Welt äußerst kreativ zu einer besseren zu gestalten. Und alle Prophezeiungen für 2012 geben uns einen Hinweis darauf, dass diese brachliegende Schöpferqualität nun eine entscheidende Rolle spielen wird.

Ich habe lange ausgeholt, zugegeben. Aber da ich mich nicht in die gängige Ratgeberliteratur einreihen möchte, wären mir simple Gebrauchsanweisungen zu wenig. Ich möchte Ihnen nahe bringen, dass unsere Beziehungen einen Qualitätssprung erfahren werden, wenn wir unser visionäres Vermögen schulen und entwickeln. Auf diese Weise können wir eingefahrene Muster hinter uns lassen und alte

Strukturen aufbrechen. Wir werden nicht einfach gelenkt wie ein ferngesteuertes Spielzeugauto. Vielmehr werden wir jetzt in die einmalige Lage versetzt, uns mit kosmischer Hilfe neu aufzustellen.

Der »neue Mensch« kann von seinen Kontingenten Gebrauch machen – welch ein Geschenk. Packen Sie es aus. Worauf warten Sie noch? Trennen Sie sich von der reichlich naiven Vorstellung, dass Ihnen einfach Dinge widerfahren, die Sie nicht ändern können. Antizipieren Sie ein anders, besseres Leben, gestützt durch Ihre Intuition. Setzen Sie sich neue Prioritäten: Wie wollen Sie leben? Was ist Ihr Wunschtraum? Was ist Ihr Ziel? Zerstörung? Instabilität? Hass? Oder Glück, Freude und Harmonie?

Unser Gehirn ist von jeher in der Lage, durch Gedanken die Realitäten zu transformieren. Diese Fähigkeit wird durch die Veränderung des Erdmagnetfelds begünstigt. Ein Indiz dafür ist die Tatsache, dass sich unsere Zeitwahrnehmung verändert hat. Immer mehr Menschen haben den Eindruck, dass sich alles beschleunigt. Aus dem ruhigen Strom der Ereignisse ist ein reißender Fluss geworden. Entsprechend hört man manchmal den Seufzer: »Die Zeit fliegt nur so dahin.« Mancher meint sogar, dass ihm die Ereignisse entgleiten, dass sie sich überstürzen. Nicht zufällig ist »Entschleunigung« zu einem therapeutischen Modewort geworden: Wir spüren die Zunahme des Tempos und sind zuweilen schlicht überfordert.

Diese veränderte Zeitwahrnehmung wird sich bis zum Jahre 2012 noch steigern. Sie ist keine subjektive Täuschung, sondern objektivierbar. Hirnforscher haben herausgefunden, dass wir Informationen wesentlich schneller registrieren und verarbeiten als alle Generationen zuvor. Sie stellten fest, dass in den vergangenen Jahren wesentlich mehr unserer Neuronen aufgeschaltet wurden, die für die Zeitwahrnehmung zuständig sind. Je mehr dieser Neuronen aktiv sind, um so schneller manifestiert sich das Wahrgenommene in unserem Bewusstsein.

Dieses Phänomen ist eine Vorauswirkung von 2012. Wenn wir es verstehen und bejahen, können wir damit höchst kreativ umgehen, in einem wahrhaft schöpferischen Sinne. Noch sind es Wenige, die das Potenzial nutzen, Hypnotiseure beispielsweise. Sie wissen: Je konzentrierter jemand diese Mechanismen anwendet, desto eklatanter sind die Ergebnisse. Zu großer Popularität bei spirituell interessierten Menschen haben es etwa die sogenannten »Sai Baba« gebracht. Sie können durch die Macht ihrer Gedanken sogar Gegenstände evozieren. Das ist kein Copperfield-Trick. Vielmehr wurde von anerkannten Wissenschaftlern bewiesen, dass solche Dinge möglich sind.

Es war Illobrand von Ludwiger, ein Physiker und Astronom, der solche Phänomene erforschte. Von Ludwiger arbeitete als Physiker und Systemanalytiker in der Raumfahrtindustrie, unter anderem für die EADS. Er machte sich einen Namen als Astrophysiker, der sich den mysteriösen UFOs widmete. Mit wissenschaftlichen Methoden wies er nach, dass nicht alles, was in diesem Kontext berichtet wird, auf irdische Begründungen zurückzuführen ist. Auch die rätselhaften Fähigkeiten der »Sai Baba« ergründete er und wies sie unter experimentellen Laborbedingungen nach. Aus dem Nichts, allein durch die Kraft der Gedanken, wurde aus Vision Materie: Der Gedanke materialisierte sich, dokumentiert durch hochauflösende Kameras.

Doch wir müssen gar nicht so weit gehen, solche spektakulären Fälle zu betrachten. Worauf ich hinaus will: Im Zuge der vermehrten Aufschaltung unserer Neuronen wachsen uns neue Fähigkeiten zu. Je weniger Neuronen phasengleich aktiv sind, desto weniger können wir erschaffend auf die Realität einwirken. Je mehr Neuronen synchron aktiviert werden, desto wirkmächtiger können wir durch konzentrierte Gedanken die Wirklichkeit verändern. Aus meinen Magnetfeldstudien mit Krebspatienten, aber auch mit gesunden Probanden weiß ich, wie massiv Magnetfelder die Neuronenaufschaltung beschleunigen. Schon nach einer einzigen Befeldung verfünffachten sich die Gehirnaktivitäten.

Was bedeutet das konkret? Führen Sie sich noch einmal vor Augen, wie stark Magnetfeldschwankungen die Psyche beeinflussen. Der Punkt ist, dass dabei Wahrnehmungen und Verhaltensformen aktiviert werden, die sonst unbeachtet in unseren mentalen Ressourcen schlummern. Wir verfügen also potenziell über ungeheuer viele Eigenschaften und Verhaltensweisen, die wir nicht aktivieren. Oder die nicht aktiviert werden. Das wird sich nun ändern.

Was das für unsere Beziehungen, unser gesamtes soziales Handeln heißt, können wir ermessen, wenn wir uns folgenden Versuch vergegenwärtigen. Es geht um ein Experiment, das mit Mäusen durchgeführt wurde. Die Versuchsanordnung war überschaubar: Eine Population von Mäusen wurde auf einem begrenzten Raum mit einem begrenzten Nahrungsangebot gehalten. Da sich Mäuse relativ rasch vermehren, traten schon nach wenigen Wochen typische Erscheinungen auf: Alte und kranke Mäuse wurden weggebissen, teilweise sogar der Nachwuchs gefressen – das war das Verhaltensraster, mit dem solch eine Population überlebt, wenn sie sich weder räumlich ausdehnen noch weitere Nahrung erschließen kann.

Nun wurden die Mäuse über einen längeren Zeitraum mit veränderten PH-Werten ihrer Nahrung konfrontiert. Mit verblüffenden Folgen: Die nachfolgenden Generationen änderten ihr Verhalten. Offenbar hatte eine Aktivierung von DNA-Ressourcen stattgefunden, die vorher nicht aktiv gewesen waren. In der Sprache der menschlichen Wahrnehmungsweise ausgedrückt, wurden die Mäuse »sozialer«. Die Aggressionen gingen zurück, das begrenzte Futterangebot wurde »gerecht« verteilt. Durch DNA-Analysen wurde zweifelsfrei festgestellt, dass bis dato inaktive Gene aktiviert worden waren. Diese sogenannte Junk-DNA, salopp gesagt, das sogenannte Sozial-Gen, hatte brachgelegen. Nun führte die Aktivierung dazu, dass der Nachwuchs nicht mehr tot gebissen wurde.

Dieses Experiment sorgte für einiges Aufsehen. Denn es wies nach, dass unter gewissen Umständen schlummernde Potenziale sozialen Handelns freiwerden können. Nun ist mittlerweile unbestritten, dass Mutationen nicht nur durch Faktoren wie PH-Werte, Radioaktivität oder direkte Manipulationen der DNA möglich sind, sondern auch durch veränderte elektromagnetische Felder. Genau hier haben wir die Verbindung zu dem, was sich bereits jetzt ereignet und 2012 kulminieren wird: Eine Disposition aller Lebewesen zu verstärkten Mutationen. Bei Tieren und Menschen sind dabei massive Verhaltensänderungen zu erwarten.

Das versetzt mich als Wissenschaftler in die Lage, von einem zu erwartenden Evolutionssprung zu sprechen. Er wird sich aller Voraussicht nach nicht auf der morphologischen Ebene abspielen. Wir werden also weder zwei Köpfe noch drei Arme bekommen. Stattdessen wird ein sozialeres Verhalten begünstigt werden. Sie werden offener, freier und voller Liebe mit Menschen umgehen können. Sie werden Beziehungen nicht mehr auf Macht aufbauen, sondern auf Verständnis und Vertrauen. Es ist alles in Ihnen. Und es wartet darauf, endlich gelebt zu werden.

Wenn wir nun bedenken, dass die Maya von einer zielgerichteten Entwicklung des Menschen sprechen, die ihn zu einem besseren, höher stehenden Lebewesen machen wird, so können wir diese Prophezeiung als wissenschaftlich belegbare Tatsache neu deuten. Alles spricht dafür – und bereits jetzt handelt es sich um eine globale Bewegung –, dass immer mehr Menschen ihre Neigung zum Verdrängungswettkampf überwinden. Nach und nach werden wir alle unseren positiven Potenziale entfalten, die uns zu höheren, möglicherweise göttlichen Wesen im Sinne einer göttlichen Schöpfung machen können.

Stellen Sie sich vor, was das bedeutet: Kein Krieg mehr, kein Streit, kein Betrug, keine Machtspiele. Partnerschaften, die nicht dem ständigen Reizstrom gegenseitigen Misstrauens unterliegen. Ein Familienleben ohne Stress und Zerwürfnisse. Ein veränderter Umgang mit Freunden und Arbeitskollegen. Paradiesische Harmonie. Und das alles, weil unser ideales Sozialverhalten mit kosmischer Hilfe »angeschaltet« wird.

Die Evolution als Zufall klein zu reden, wäre unter diesen Umständen reichlich ignorant. Ich bin davon überzeugt, dass die gesamte Evolution einen Sinn in sich trägt. Sie war nicht abgeschlossen mit dem Erscheinen des Menschen als vermeintliche »Krone der Schöpfung«. Es geht beim evolutionären Szenario jetzt um das Maximum dessen, was das Menschsein ausmacht.

Noch besitzen wir viele Verhaltensweisen, die uns wahrhaft zu Tieren degradieren. Das ist auch der Hintergrund des berühmten Satzes, der Mensch sei des Menschen Wolf. Diesem Satz zufolge hätte es eine fatale Logik, dass wir zerstören statt aufzubauen, dass wir eine Ellenbogengesellschaft hinnehmen, in dem der Schwache keine Überlebenschance erhält. Was uns vom Tier unterscheidet, ist Selbstwahrnehmung, Selbstreflexion, Gefühl, Altruismus, soziales Handeln – auch dann, wenn es uns vordergründig nichts nützt. Doch um diese Eigenschaften zur Vollendung zu bringen, um sie zur Maxime des Handelns zu machen, bedarf es einiger Randbedingungen, die nun, kurz vor 2012, erfüllt werden.

Dem widerspricht nicht, dass das System erst kollabieren muss. Dass erst in aller Dramatik offenbar werden muss, wie destruktiv ein tierhaftes Verhalten für das menschliche Wohl ist. Es gehört zu den evolutionären Naturgesetzen, dass das Chaos sehr groß werden muss und dass hohe Schwellenwerte überschritten werden müssen, damit das System kippt. Begriffe wie der »Raubtierkapitalismus« weisen uns mit aller Sprachmacht darauf hin. Dieser rücksichtslose »Raubtierkapitalismus« ist es, der die Finanzkrise hervorrief und Millionen ins Elend stürzte. Nun wachen viele auf und fragen sich, ob solch ein System überhaupt noch lebenswert ist.

Die Randbedingungen, von denen ich sprach, sind vor allem die abnormalen Erdmagnetfelder, die größtenteils von der ungewöhnlichen Sonnenaktivität herrühren. Zusätzlich wirken neuerdings extreme Strahlen aus den Tiefen des Kosmos auf uns ein, die an Häufigkeit und Intensität ständig zunehmen. Es handelt sich hierbei um Gamma-Rays. Rein physikalisch gesehen sind sie in der Lage, unsere Gene zu verändern, und sie sind darüber hinaus imstande, unsere inaktiven DNA-Anteile zu aktivieren. Immerhin bleiben etwa 97 % unserer DNA inaktiviert – als so genannte »Junk-DNA«.

Momentan werden wir buchstäblich kosmisch bestrahlt und neu kalibriert, mit revolutionären Folgen für das Bewusstsein. Es können Gene aufgeschaltet werden, die jahrtausendelang inaktiv waren und nun gewissermaßen zum Einsatz kommen. Immerhin konnten in Laborversuchen der ehemaligen Ciba-Geigy AG derartige Aufschaltungen nachgewiesen werden, nachdem man Pflanzen und Fische mit bestimmten Feldern behandelt hatte. Es ist ein Vorgang von größter Bedeutung. Doch er hat auch eine Schattenseite: Wen er völlig unvorbereitet trifft, wird das Gefühl haben, seinen Verstand zu verlieren. Zu neu, zu ungewohnt wird das sein, was er empfindet. Mag sein, dass sich einmal mehr die Zahl jener vervielfacht, die sich freiwillig in psychiatrische Anstalten einliefern lassen oder sich sogar das Leben nehmen. Deshalb liegt mir so viel daran, Sie aufzuklären. Nur so können Sie die psychischen Veränderungen angstfrei einordnen, die Sie an sich feststellen werden.

Auch Aggressionen werden den Unvorbereiteten überwältigen. Das ist völlig normal. Aggressivität ergibt sich in der Regel aus Überforderung. Wir kennen das alle: Sind wir gereizt und überfordert, kann uns schon die berühmte Fliege an der Wand in den Wahnsinn treiben. Wir schlagen nach der Fliege, mit einer Zeitung oder einem Schuh, und ruhen nicht eher, bis wir sie getötet haben. Es ist ein uraltes Erbe, das wir mit uns tragen. Evolutionsgeschichtlich rührt es aus Zeiten unserer Entwicklung, als sich die Lebewesen im Reptilienstadium befanden.

Noch heute existiert auf der neuronalen Landkarte unseres Gehirns ein Bereich, der solche Verhaltensweisen steuert: das Reptiliengehirn. Es ist ein Relikt unserer stammesgeschichtlichen Evolution und viele Millionen Jahre alt. Dieses Reptiliengehirn ist die erste Hirnzone, die sich beim Embryo ausbildet. Erst ganz am Schluss entsteht der Neokortex, in dem Bewusstsein und Wertvorstellungen lokalisiert sind. Wir haben es also mit einem überkommenen hirnphysiologischen Erbe zu tun, Hirnstamm genannt. Er ist für unsere tierhaften Reaktionen verantwortlich. Das gesamte animalische Programm ist hier gespeichert, die Selbstverteidigung, das Beuteverhalten, in summa also die egoistischen und aggressiven Handlungsweisen.

Es sind Reflexe, die in Extremsituationen nicht von inneren Instanzen gefiltert und gesteuert werden können. Denken Sie an einen Alligator, der provoziert wird. Vielleicht wurde er gefangen und in einen Käfig gesperrt. Nun wird er mit seinem gewaltigen, schuppig gepanzerten Schwanz um sich schlagen und mit seinen spitzen Zähnen zuschnappen, ohne eine Sekunde zu zögern. Sein einziges Ziel ist es, den verlorenen Freiraum wieder herzustellen. Das ist sein Programm, er kann nicht anders. Nie käme ihm in den Sinn, mit seinen Häschern zu kooperieren oder zu ergründen, warum er gefangen wurde. Er kann nicht verstehen, dass er möglicherweise vor einer Chemiekatastrophe gerettet wird, die seinen Lebensraum bedroht. Er kann lediglich angreifen, da er kein intelligibles Wesen ist.

Solche Reflexe gilt es zu überwinden, sonst endet 2012 für uns in einer persönlichen Katastrophe. Wir müssen mit unserer entwickelteren Intelligenz verstehen lernen, dass das, was erst einmal bedrohlich wirkt, eine immense Entwicklungschance für uns ist. Wie gesagt: Das reptilische Verhalten ist in uns, genauso aber auch die Fähigkeit, dem ersten aggressiven Impuls zu widerstehen.

Was heißt das nun für unser soziales Handeln? Versuchen Sie ein ehrliches Resümee all Ihrer Beziehungen. Beginnen Sie bei denen, die Ihnen am nächsten stehen, dann gehen Sie zu Ihrem beruflichen Umfeld und schließlich zu den anonymen Menschen, die Ihnen täglich begegnen. Sie werden den Wunsch nach Manipulation und Kontrolle finden. Das mag nicht immer offen zutage liegen, bestimmt aber viele Beziehungen und Bindungen, die wir eingehen.

Da ist der Mann, der seine Freundin mit unerträglichen Kontrollmechanismen terrorisiert. Da ist die Frau, die Kollegen mobbt, weil sie um ihre eigene Karriere fürchtet. Da ist der Unternehmer, der kaltblütig seine Mitarbeiter entlässt, weil er sie in Krisenzeiten nicht länger »mitschleppen« möchte. Da ist der Vater, der seine Tochter missbraucht, weil er sie als sein Eigentum betrachtet.

Versuchen Sie, so schonungslos wie möglich Ihre gesamten Interaktionen zu analysieren. Sind Sie verletzend? Geben Sie der Versuchung nach, andere auszunutzen oder zu schädigen? Es sind nicht immer die großen, tragischen Ereignisse, in denen wir machtbestimmte Verhaltensweisen ausüben. Manchmal genügt schon eine kleine Bösartigkeit oder eine winzige Lüge, um jemand anderes zu zerstören. Das erlebt nicht nur das Opfer als großes Leid, es schädigt auch Sie selber.

Alles hängt mit allem zusammen: Sie sind Teil dieses Ganzen, und mit jeder Schuftigkeit deformieren Sie sich und das Ganze. Jedes Wort, jede Geste, jede Handlung kann fatale Folgen haben – oder aber segensreich sein. Machen Sie sich bewusst, welche Entscheidungen Sie treffen können, jeden Tag, jede Sekunde.

Nun lassen Sie die vergangenen Tage Revue passieren. Machen Sie eine Bestandsaufnahme. Wann waren Sie aggressiv? Wann hatten Sie Wutausbrüche? Wann verfolgten Sie die Strategie der Herabsetzung, um selbst umso mehr zu strahlen? Nun erzählen Sie sich diese Situationen neu. Legen Sie das Raster der Empathie und der Freude über Ihr gesamtes Handeln. Wen hätten Sie schützen können? Wem

Freude bereiten? Wen hätten Sie ermutigen, motivieren können, wer hat auf ein Zeichen Ihres Mitgefühls und Ihrer Liebe gewartet?

Visualisieren Sie sich als jemand, der sein »höheres Selbst« kennt und in Kontakt mit ihm steht. Betrachten Sie nun die Menschen, mit denen Sie zusammenleben, als Varianten Ihres Selbst.

Würden Sie sich selbst etwa vor den Kopf stoßen? Würden Sie sich selbst womöglich mobben, verleumden, manipulieren? Erkennen Sie im Gegenüber Ihr eigenes Ich. Es ist kein perfektes Ich, doch wichtig ist, dass Sie sich selbst in aller Vorläufigkeit erkennen und damit auch die Vorläufigkeit anderer anerkennen.

Versuchen Sie, in jedem Menschen das Gute zu sehen, das Sie befördern können. Tolstoi hat einmal gesagt: »Einen Menschen lieben, heißt, ihn so zu sehen, wie Gott ihn gemeint hat.« Ein wunderbares Wort. Wie sind Sie gemeint? Haben Sie sich schon im Licht dieser Frage entdeckt?

Es ist übrigens sehr wichtig, Ihre Familie in die neuen Fragen und Erkenntnisse einzubeziehen – nicht nur Ihren Lebenspartner, auch Kinder und Großeltern. Sie sollten mit ihnen über diese Dinge reden, je offener, desto besser. Jeder hat seine ganz persönliche Wahrnehmung, doch wir haben meist nicht gelernt, sie auszuformulieren. Wir trauen uns schlicht nicht, Essenzielles auszusprechen. Doch mit der Erfahrung der Ganzheitlichkeit kann Ihnen allen bewusst werden, dass Sie gerade 2012 ein Team sein sollten.

Ich bin davon überzeugt, dass wir ohnehin eine Renaissance der Familie erleben werden. Wir werden – persönlich und auch als Gesamtheit der Menschen – viel mehr Familie sein als in den letzten hundert Jahren. Erklären Sie sich bereit, gemeinsam Hingabe zu erleben und eine freudige Erfahrung zu machen.

Falls Sie immer noch skeptisch sind, probieren Sie eine veränderte Verhaltensweise zunächst einen einzigen Tag lang aus. Gehen Sie offen und mit Freude auf Menschen zu – auch auf die, die Ihnen kalt oder aggressiv begegnen. Handeln Sie im wahrsten Sinne des Wortes »entwaffnend«. Klären Sie Ihre Beziehungen, in dem Sie die geheimen Motivationen dieser Beziehungen herausfinden. Fühlen Sie sich eins mit Ihren Mitmenschen, den nahen und den entfernteren, nur einen Tag lang. Ich verspreche Ihnen, dass es ein guter Tag wird. Sie werden über sich staunen. Und über die anderen.

Verhehlen will ich nicht, dass diese neue Sichtweise auch zu Trennungen führen kann. Denn so, wie manche Menschen uns helfen, das Beste in uns zu spüren, Freundschaft, Hingabe, Liebe, Solidarität, gibt es andererseits auch Menschen, die unsere dunklen Seiten zum Vorschein bringen. Sie vergiften uns förmlich. Versuchen Sie es zunächst mit Ihrer neuen Strategie. Falls sich nichts ändert, ist es sinnvoll, auf Distanz zu gehen. Verabschieden Sie sich innerlich liebevoll von diesen Personen, ohne es ihnen demonstrativ zu zeigen: keine beleidigenden Abschiedsszenen also, keine theatralischen Gesten. Lassen Sie die Tür geöffnet, denn jeder Mensch kann sich entwickeln und Sie mit einem neuen Selbst überraschen. Bis dahin aber halten Sie sich selbst zuliebe freundlich Abstand.

Gewinnen Sie Freiraum zurück, sonst werden Ihnen alte, unheilvolle Muster geradezu diktiert. Bedenken Sie, wie viel Energie es Ihnen abnötigt, mit notorischen Heuchlern und Intriganten umzugehen. Überlegen Sie gut, mit wem Sie sich energetisch verbinden möchten und mit wem nicht. Nach einer Weile werden Sie ohne Mühe erfühlen, wo Sie auf korrespondierende Seelen treffen, die Ihre eigene Entwicklung beflügeln.

Trauen Sie Ihrer Intuition. Sie brauchen keine Ratgeber mehr. Sie benötigen weder Glücksformeln noch Rezepte und Gebrauchsanweisungen. Wirklich nicht. Leben Sie im Bewusstsein, dass jede positive Verhaltensänderung um ein Vielfaches belohnt wird. Die kosmische Harmonie kann von nun an Ihr übergeordnetes Ziel werden. Mit Achtsamkeit und Empathie werden Sie zwar kein Instant-Glück finden, jedoch eine neue Dimension Ihres Daseins.

CHECKLISTE
»Auf dem Prüfstand – wie Sie Beziehungen klären«

1. Machen Sie sich die Gesamtheit Ihrer Beziehungen bewusst.
   - Welche Bindungen haben Sie zu Ihrer Familie?
   - Gibt es Zerwürfnisse oder Streitigkeiten, die Ihre familiären Beziehungen belasten?
   - Welche Freunde bedeuten Ihnen etwas?
   - Was bindet Sie an diese Freunde?

- Welches Verhältnis haben Sie zu Ihren Arbeitskollegen?
- Waren Sie schon das Opfer von Mobbing oder haben Sie selbst schon einmal jemanden gemobbt?

2. Charakterisieren Sie Ihre Beziehungen.
   - Von welchen Menschen fühlen Sie sich bedingungslos geliebt und angenommen?
   - Welche Menschen sind Ihnen immer fremd geblieben?
   - Von wem fühlen Sie sich abgestoßen?
   - Gibt es jemanden, in dessen Gegenwart Sie sich förmlich »vergiftet« fühlen?
   - Wem verdanken Sie etwas Wichtiges?
   - Wer hat Ihnen positive Impulse gegeben?
   - Wer hat zu Ihrer Entwicklung beigetragen?

3. Evaluieren Sie Ihre Beziehungen.
   - Wen würden Sie auf eine einsame Insel mitnehmen?
   - Welche Eigenschaften schätzen Sie an diesen Personen?
   - Über welche ihrer Fehler können Sie mit Leichtigkeit hinwegsehen?
   - Auf wen können Sie sich bedingungslos verlassen?
   - Von welchen Menschen befürchten Sie Enttäuschungen?
   - Welcher Mensch in Ihrem Umfeld hat Sie schon einmal positiv überrascht?

4. Klären Sie Ihre Schuld.
   - Welche Ihrer Eigenschaften und Verhaltensweisen können für andere verletzend sein?

- Haben Sie manchmal ein schlechtes Gewissen, weil Sie sich falsch verhalten haben?
- Wie fühlen Sie sich, wenn Sie jemanden verletzen?
- Entschuldigen Sie sich für Ihre Fehler?
- Haben Sie »Leichen im Keller«, also weit zurückliegende schuldhafte Situationen, die Sie nie aufgearbeitet haben?
- Machen Sie Ihren Frieden mit denen, die Sie verletzt haben und mit jenen, die Ihnen etwas Negatives zugefügt haben.
- Empfinden Sie intensiv das Gefühl der Entspannung und Ruhe, wenn sich der Knoten löst.

5. Analysieren Sie Ihre Kontrollverluste.
   - In welchen Momenten »rasten Sie aus«?
   - Erleben Sie manchmal einen aggressiven Rausch, in dem Sie Dinge tun, die Ihnen hinterher Leid tun?
   - Verdrängen Sie diese Zustände, oder versuchen Sie die Gründe herauszufinden?
   - Halten Sie Streit, Angriff und Verletzungen für normal oder für Fehler, an denen Sie arbeiten sollten?
   - Fühlen Sie sich manchmal in die Ecke gedrängt, so dass Sie sich impulsiv Luft machen möchten?
   - Sind Sie oft gestresst und überfordert?
   - Achten Sie zu wenig auf Ihre innere Balance?
   - Was müsste sich ändern, damit Ihre besten Seiten zum Vorschein kommen?

6. Schulen Sie Ihre Empathie.
   – Versetzen Sie sich regelmäßig in jemand anderen.
   – Was denkt er, was fühlt er?
   – Versuchen Sie zu erraten, welchen Beruf eine Zufallsbe-
     kanntschaft oder ein Passant ausübt, der Ihnen entgegen
     kommt.
   – Lesen Sie im Mienenspiel Ihres Gegenübers. Welche
     Gedanken und Gefühle drückt das Gesicht aus?
   – Formulieren Sie in Gedanken den inneren Monolog eines
     Bekannten oder Freundes, zum Beispiel: »Heute ist nicht
     mein Tag. Ich bin unausgeschlafen und müde. Hoffentlich
     überstehe ich diesen Tag, ohne dass jemand merkt, dass
     es mir nicht gut geht.«
   – Stellen Sie sich vor, wie Ihr Partner den gemeinsamen
     Tag schildern würde. Welche Situationen würde er ganz
     anders darstellen?
   – Überlegen Sie unabhängig von Geburtstagen oder
     ähnlichen Anlässen, welches Geschenk einem entfernten
     Bekannten Freude machen würde: ein bestimmtes Buch,
     Sonnenblumen, ein Restaurantbesuch, ein gemeinsamer
     Spaziergang im Park?

7. Überprüfen Sie Ihr Selbstbild im Hinblick auf Ihre
   Beziehungen.
   – Beschreiben Sie sich mit drei Adjektiven.
     Zum Beispiel: fröhlich, temperamentvoll, witzig.
     Oder: introvertiert, zurückhaltend, ernst.
   – Nun stellen Sie sich vor, wie Ihr Partner, eine Freundin
     oder Ihr Chef Sie mit drei Adjektiven beschreiben würde.

- Welche Unterschiede sind wahrscheinlich?
- Wie reagieren Sie, wenn andere Sie negativ beschreiben? Enttäuscht, wütend oder nachdenklich?
- Hat jemand Sie schon einmal hilfreich korrigiert? Etwa mit den Worten: »Du hältst dich zwar für einen guten Zuhörer, aber eigentlich redest immer nur du.« Oder: »Schön, dass du so gute Laune hast, aber du siehst nicht, wenn es anderen schlecht geht.«
- Können Sie solche Korrekturen akzeptieren?

8. Probieren Sie andere Verhaltensweisen aus.
   - Versuchen Sie einen Tag lang, absolut jedem Menschen freundlich und lächelnd zu begegnen.
   - Machen Sie jemandem ein Kompliment, der das überhaupt nicht erwartet.
   - Sagen Sie jemandem, der Ihnen bedrückt erscheint, dass Sie sich Sorgen um ihn machen und dass diese Person jederzeit mit Ihnen darüber reden kann.
   - Machen Sie jemandem ein kleines, unaufwändiges Geschenk, der das längst verdient hätte. Die Geste zählt: eine einzelne Blume, ein Buch, das Sie begeistert hat, einen Becher Kaffee aus dem Coffeeshop.
   - Rufen Sie sich am Ende des Tages in Erinnerung, wie die beschenkte Person reagiert hat.
   - Spüren Sie noch einmal dem positiven, warmen Gefühl nach, das Sie dabei hatten.

9. Treten Sie aus Ihrer Vereinzelung und nehmen Sie Verbindung mit dem Ganzen auf.

   – Haben Sie manchmal das Gefühl, dass Sie mit anderen in Kontakt sind, obwohl Sie nicht mit Ihnen sprechen?
   – Spüren Sie eine geheime Kommunikation der Gedanken?
   – Versuchen Sie, Gedanken und Gefühle zu beschreiben, wenn Sie einen Raum voller Menschen betreten.
   – Was für ein Gespräch hat dort soeben stattgefunden?
   – Wie werden Sie von der herrschenden Atmosphäre beeinflusst?
   – Wie können Sie sie positiv verändern, ohne ein Wort zu sagen?
   – Wenn Sie allein sind, nehmen Sie Kontakt mit Ihnen nahen Menschen auf. Konzentrieren Sie sich auf Ihre gemeinsame Beziehung. Schicken Sie ihm liebende Botschaften und gute Gefühle.
   – Machen Sie sich bewusst, dass jeder mit jedem verbunden ist. Tun Sie niemandem etwas Schlechtes an, denn Sie tun es gleichzeitig sich selbst an.

10. Visualisieren Sie eine neues, qualitativ besseres Zusammenleben mit anderen – jetzt und nach 2012.

   – Wie sieht eine Welt aus, in der Menschen voller Harmonie zusammenleben?
   – Stellen Sie sich diese Welt intensiv vor, die freudigen Gesichter, die gelassene, energetische, positive Ausstrahlung.
   – Überlegen Sie sich, was den »neuen Menschen« ausmachen könnte.

- Beziehen Sie auch Menschen in diese Vision ein, die Sie nicht mögen. Visualisieren Sie sie verwandelt, so, dass Sie mit ihnen in Verbindung sein möchten.
- Ergründen Sie, was Sie momentan noch daran hindert, diese Vision zu verwirklichen.
- Entkrampfen Sie sich, in dem Sie alles Fesselnde, Hinderliche in Gedanken fortschicken und genießen Sie das Gefühl der Befreiung.
- Meditieren Sie in diesem Zusammenhang über Begriffe wie Hingabe, Liebe, Verbundenheit.
- Leben Sie so, als ob das bahnbrechende Ereignis von 2012 unmittelbar bevorsteht, vielleicht morgen schon. Legen Sie den Keim für bessere Beziehungen.

4. KAPITEL

QUELLEN DER GESUNDHEIT – WIE SIE HEILENDE KRÄFTE ENTDECKEN

Ich würde mich nicht wundern, wenn Ihnen jetzt förmlich der Kopf raucht. Was Sie erfahren haben, bedeutet eine so umfassende Umwälzung, dass Sie sicherlich ebenso gespannt wie besorgt sind. Was passiert mit Ihnen? Wie gelangen Sie an die wichtigen Ressourcen Ihres Ich, um den Wandlungsprozess von 2012 zu gestalten?

Noch einmal: Sie haben großartige Unterstützung. Ohne dass Sie es vermutlich ahnen, nehmen Sie bereits an dem großen Transformationsprozess teil. Und Sie können noch mehr tun, um das als positiv zu erleben. Denn auf der vierten Etappe unserer Reise gelangen wir auf einen weiteren virtuellen Kontinent: Ihre Gesundheit, im physischen und psychischen Sinne.

Beides ist untrennbar miteinander verbunden. Seit den Errungenschaften der Psychosomatik kennen wir viele Wirkmechanismen, nach denen seelische Zustände und körperliche Symptome korrelieren. Traumata, Depressionen und Ängste können massive körperliche Krankheiten nach sich ziehen. Umgekehrt konnte beobachtet werden, dass eine seelische Heilung auch eine körperliche Gesundung nach sich zog. Mens sana in corpore sano – ein gesunder Geist in einem gesunden Körper, so fasste der römische

Dichter Juvenal das ideale Verhältnis unserer dualen Verfasstheit zusammen. Dieser Satz war kritisch gemeint. Und hat eine verblüffende Aktualität.

Juvenal wandte sich gegen die Praxis, sich einfach betend einen gesunden Körper zu wünschen oder allerlei Mittelchen dafür anzuwenden. Er wusste: Die Wurzeln der Gesundheit reichen tief in unsere Seele hinein. Der Körper ist keine Maschine, die ab und zu gewartet werden muss, er reagiert empfindsam auf jede Regung der Seele.

Es ist kein Geheimnis, dass wir zwar einen wahren Wellness- und Gesundheitsboom erleben, uns auf der anderen Seite aber nicht besonders gesund fühlen. Die sogenannten Zivilisationskrankheiten nehmen zu, von Diabetes, Herzerkrankungen und Gelenkbeschwerden bis hin zu psychischen Verstimmungen und Depressionen. Schon der Begriff Zivilisationskrankheiten sollte uns stutzig machen. Erkranken wir an unseren Lebensbedingungen? Jeder Psychosomatiker würde diese Frage bejahen.

Ist es nicht paradox? Noch nie in der Geschichte der Menschheit wussten wir so viel über Körper und Seele, noch nie hatten wir derartig differenzierte medizinische Therapien zur Verfügung. Dennoch sprechen wir von Volkskrankheiten. Störungen der körperlichen Gesundheit sind zur gesellschaftlichen Normalität geworden. Und speziell die Deutschen, so fand eine jüngst publizierte Studie heraus, sind Weltmeister, was Arztbesuche betrifft. Wir sitzen buchstäblich im kollektiven Wartezimmer und warten darauf, dass wie von Zauberhand unsere Beschwerden verschwinden. Doch sie verschwinden nicht, selbst dann, wenn die

Ärzte ihre stärksten Waffen einsetzen, mit denen sie Krankheiten eliminieren wollen: chemische Stoffe, Radioaktivität, Operationen.

Die gute Nachricht ist: Sie können jetzt heilende Kräfte nutzen, die Ihnen zu einer ganz neuen Ebene von Gesundheit verhelfen werden. Ausgelöst werden diese Kräfte durch die beschriebenen physikalischen Veränderungen und unsere zunehmende Sensibilisierung. All das haben wir der Sonne zu verdanken. Einmal mehr dürfen wir größte Hoffnungen auf die kosmischen Energien setzen – dafür allerdings müssen wir sie bewusst nutzen. Das schwächere Erdmagnetfeld wird uns zum Segen gereichen.

Es wird Sie interessieren, dass neueste Untersuchungen sogar von einer Zustandsverbesserung von Demenzkranken berichten – und zwar dann, wenn man sie einem schwachen elektromagnetischen Feld mit bestimmten Frequenzen aussetzt. Demenz galt bisher als unheilbar. Sie zerstört wichtige neurologische Prozesse und macht den Kranken weitgehend orientierungslos. Sein Sprachvermögen ist gestört, er kann einige körperliche Kontrollen nicht mehr beherrschen.

Es berührte mich zutiefst, als ich von den neuen Forschungsergebnissen erfuhr. Patienten, die sich oft jahrelang nicht mehr artikulieren konnten, sprachen plötzlich klar und bewusst. Sie erinnerten sich an weit Zurückliegendes, aber auch an Details aus der Gegenwart, die bei Demenzkranken normalerweise aus dem Bewusstsein verschwinden. Heilung ist also auf einer seelischen Ebene möglich, bis hin zur Heilung von massiven Störungen.

Ich hoffe, dass Sie sich einigermaßen gesund fühlen. Aber auch dann ist es unerlässlich, sich auf die Vorwirkungen von 2012 einzulassen. Als erstes möchte ich Sie in das Land des Schlafes führen.

Leider wird in unserer Kultur der Schlaf stark unterschätzt. Wir definieren uns über Aktivität, wir verlängern den Tag bei künstlichem Licht und machen uns zum Herrn über unseren Rhythmus. Ruhephasen und Schlaf dagegen achten wir meist gering.

Statt Entspannung suchen wir unaufhörlich neue Anspannung. Wir meinen, unser Heil in Hobbys und Medienkonsum zu finden, und wenn wir Entspannung sagen, meinen wir meist Ablenkung: Fernsehen, Reisen, Sport. Aber Schlaf? Ist das nicht etwas unspektakulär? Wer will sich schon eine »Schlafmütze« nennen lassen?

Die Schlafforschung gehört zu den spannendsten Gebieten von Medizin und Psychologie. Man hat sich beispielsweise intensiv mit den verschiedenen Schlafphasen auseinandergesetzt, mit der Funktion von Träumen, mit dem Biorhythmus, der das Schlafbedürfnis steuert. Als Biophysiker habe auch ich ein ausgeprägtes Interesse am Schlaf entwickelt. Und seit ich mich mit den bewusstseinserweiternden Aspekten von 2012 beschäftige, rückte er immer mehr ins Zentrum meiner Überlegungen.

Der Schlaf ist der Urquell unserer physischen und psychischen Gesundheit. Er führt uns Energien zu. Diese Energien reparieren und regenerieren nicht nur, sie lassen uns innerlich und äußerlich aufblühen. Eines dürfte auf der Hand liegen: In entspannenden Situationen sind wir wesentlich sensibler als im Zustand der Überreiztheit. Die Hektik des Alltags verengt unser Wahrnehmungsspektrum, wir konzentrieren uns auf wenige Parameter und wollen nicht durch Irritationen in unserem Tun behelligt werden. Der entspannteste Zustand dagegen ist der, in dem wir schlafen. Aber auch kurz vor dem Einschlafen und unmittelbar nach dem Aufwachen befinden wir uns in der Lage, ganz andere Wahrnehmungen zuzulassen als im Banne unserer Betriebsamkeit.

Dies sind die Momente, in denen auch Autosuggestionen funktionieren. So können wir uns beispielsweise vor dem Einschlafen befehlen, um eine bestimmte Uhrzeit wieder aufzuwachen. Das mag anfangs nicht so verlässlich funktionieren wie ein Wecker, mit einigem Training aber kann man seinen inneren Timer exakt einstellen. Wenn die nervöse Anspannung und die Unruhe des Tages nachlässt, ist aber noch sehr viel mehr möglich. Wir können uns gleichsam den Auftrag erteilen, bereit zum Empfang zu sein – für die Botschaften, die da kommen mögen.

Welche Botschaften?, werden Sie jetzt fragen. Nun, ohne esoterischen Spuk zu bemühen, kann man sagen, dass wir zurzeit viele Signale aus dem All empfangen. Besonders sensitive Menschen spüren beispielsweise Sonnenaktivitäten, so wie sie vielleicht auch wetterfühlig sind. Diese Einflüsse sind die Basis unserer ganzheitlichen Gesundheit. Es sind letztlich Informationen, die uns durch physikalische Felder mitgeteilt werden. Ich bin davon überzeugt, dass schon jetzt viele Botschaften zirkulieren – und dass wir das auch registrieren.

Ein Hinweis darauf ist das »Peterson-Phänomen«. Seit wenigen Jahren berichten immer mehr Menschen, dass sie zwischen halb vier und halb fünf Uhr morgens aufwachen. Schätzungen sprechen von 70 bis 80 Prozent der Bevölkerung. Das ist dann die Zeit, die man gemeinhin nutzt, um zur Toilette zu gehen. Die meisten Menschen schließen daher aus dem vorzeitigen Erwachen, dass sie eine schwächere Blase als früher haben, und dass der Körper darauf drängt, sie zu entleeren.

Die Gründe sind jedoch andere. Denn diese Stunde ist nachweislich die Zeitphase, in der wir besonders aufnahmebereit für außergewöhnliche Wahrnehmungen sind. Daher werden wir förmlich vom Kosmos geweckt, um sie nicht zu verpassen. Wenn Sie also zu dieser Zeit aufwachen, sollten Sie weder aufstehen noch das Licht einschalten. In dem Moment, wo künstliches Licht aufscheint, gleichgültig, wie hell es ist, wird der begonnene Wahrnehmungsprozess nämlich sofort unterbunden. Die Ursachen liegen in den biochemischen Prozessen, die in unserem Körper während des Schlafs ablaufen. Sie sind eng an Licht und Dunkel gekoppelt. Sobald unsere Netzhaut Helligkeit registriert, schaltet das Gehirn auf den Wachzustand um – und auf völlig andere biochemische Abläufe.

Bleiben wir dagegen einfach entspannt im Dunkeln liegen, können wir einen Zustand durchleben, der sich von allen Tagesaktivitäten und bekannten Bewusstseinsebenen unterscheidet. Neurophysiologisch sind wir in dieser Phase durchflutet von jenen Neurotransmittern, die unter anderem spirituelle Erfahrungen ermöglichen. Dazu gehört wesentlich Serotonin. Es vermittelt uns eine entspannte Aufmerksamkeit, die nicht zielgerichtet ist und als sehr angenehm empfunden wird. Wir denken nicht an etwas Bestimmtes, sondern sind durchlässig für das, was uns von außen erreicht und was sich »selbstdenkend« in unserem Inneren tut. Jetzt können wir Gedanken und Visionen empfangen. Der Autor Robert Peterson geht so weit, dass er uns außerkörperliche Erlebnisse für diese Augenblicke zuschreibt. In seinem Buch »Die Praxis der außerkörperlichen Erfahrung« schildert er eine völlig veränderte Selbstwahrnehmung. Viele Menschen haben das schon erlebt: Die Seele trenne sich vom Körper und schwebe frei und ungebunden durch den Raum, berichten sie. Befreit von der Koppelung an den Körper, würden so ganz neue Ideen und Sichtweisen möglich.

Ich habe selbst solche Dinge erlebt. Anfangs vergaß ich sie sofort wieder oder tat sie als flüchtigen Traum ab. Wer hätte nicht schon geträumt, dass er fliegen kann und die Welt aus der Vogelperspektive betrachtet? Je länger ich jedoch das Geheimnis des Schlafs ergründete, desto aufregender wurde für mich dieses Phänomen. Wissenschaftlich erklärbar ist es durch bestimmte Schwingungsfrequenzen, die uns in dieser Phase beschert werden. Sie sind im Gehirn messbar und machen uns aufnahmebereit für Eingebungen.

»Den Seinen gibt's der Herr im Schlaf«, heißt es denn auch leicht scherzhaft im Volksmund. Künstler und Wissenschaftler haben immer wieder erzählt, dass sie wie aus dem Nichts während der Nacht plötzlich die essenzielle Vision hatten, um einen Roman zu schreiben oder ein kompliziertes Problem zu lösen. Unabhängig von den wachaktiven Verstandesleistungen spielt sich dann etwas in unserem Gehirn ab, was mit Fug und Recht magisch genannt werden darf.

Wer diese Eingebungen ernst nimmt und sich angewöhnt, sie festzuhalten, kann sie ins Tagesbewusstsein transportieren. Das fällt zunächst schwer. Wir alle träumen, und doch entgleiten uns die wenigen Erinnerungen an unsere Träume meist kurz nach dem Erwachen. Manche führen daher ein Traumtagebuch, das stets auf dem Nachttisch liegt. So gehen wertvolle Informationen nicht verloren. Denn im Traum können wir andere Perspektiven einnehmen als im Wachzustand. Wir erkennen Probleme, die wir im Alltag nicht weiter beachteten, wir erleben vertraute Menschen plötzlich ganz anders, liebevoller oder auch bedrohlicher: Träume interpretieren unsere Wirklichkeit, ohne den Verstand des wachen Bewusstseins einzusetzen. Sie entspringen purer Intuition.

Ein mentaler Umwertungsprozess setzt daraufhin ein, der auch unseren Körper betrifft. Angeregt durch Träume und Visionen, können wir beginnen, bewusst an diesen Problemen zu arbeiten und sie im besten Falle aufzulösen. Unerkannte oder verdrängte Probleme dagegen führen zu komplexen Krankheitsbildern. Zu den häufigsten zählen Verspannungen und Rückenbeschwerden. Sie führen die Liste der Krankheiten an, die als Grund für Frühpensionierungen genannt werden: Das Unbehagen wächst unaufhörlich, bis die Blockaden zur Arbeitsunfähigkeit führen. Der Energiefluss ist unterbrochen, Muskeln verhärten sich,

Nerven werden eingeklemmt. Der Mensch ist wahrhaft verhärtet und verklemmt, so wie seine Seele.

Pflegen Sie Ihre Seele. Geben Sie ihr Nahrung durch tiefen, bewusstseinsverändernden Schlaf. Nehmen Sie jedes Signal ernst, so absurd Ihnen Ihre Träume oder die Halbschlafgedanken auch manchmal vorkommen mögen. In ihnen liegt eine tiefe Wahrheit. Sie sind ein Korrektiv zu unserem planenden, mathematisch geprägten Wach-Verstand. Sie speisen sich aus der Intuition, aus einem uralten Weltwissen, dass wir nicht selbst erworben haben, zu dem wir aber Zugang erlangen können.

Was jedoch ist mit der Exkorporation? Wie kann die Seele auf Reisen gehen, wenn sie doch ihren Sitz in unserem Gehirn hat? Oder ist sie eine unabhängige Erscheinung? Wir haben es hier mit einem Rätsel zu tun, das in den Mythen und Religionen der Völker immer wieder thematisiert wurde. Im Islam beispielsweise existiert die Vorstellung, dass die Seele, wenn sie durch das Abendgebet gereinigt wurde, nachts zum Throne Allahs geführt wird. Die Seele löse sich also vom Körper und könne Gott begegnen. Offenbar können wir dieser Vorstellung nach im Schlaf die Schwelle zum göttlichen Prinzip überschreiten, die tagsüber unüberwindlich ist.

Der beschriebene Zeitraum am frühesten Morgen spielt dabei eine zentrale Rolle. Diese Tageszeit wurde immer schon von Mönchen und Lamas genutzt, um zu meditieren. Auch sie schalten kein Licht an, sondern wählen bewusst die Dunkelheit vor Sonnenaufgang. In christlichen Klöstern ist es die Stunde des ersten Morgengebets, der sogenannten

Vigilien. Die meisten Klöster halten sie um 4.30 Uhr ab, erst um 7 Uhr dann folgen die Laudes. Hinzu kommen Gebetsnächte, besonders die Festvigilien, die zum Beispiel in der Nacht vor Ostern stattfinden. Dieser Brauch wird bereits im Alten Testament in Psalm 119 erwähnt, im Neuen Testament bei Lukas und Matthäus.

Warum machen fromme Mönche und spirituell orientierte Menschen die Nacht zum Tage? Sie folgen einem Wissen, das von Generation zu Generation weitergegeben wurde. So eng wir tagsüber an Irdisches gekoppelt sind, so großartig ist die Chance, nachts diese Fesseln zu sprengen. Nach allem, was ich weiß, ist es tatsächlich so, dass ein geistiger Teil von uns nachts den Körper verlassen kann. Ich würde nicht gleich von einer Astralreise sprechen, doch faktisch kommt dieses Bild den Dingen sehr nahe.

Der bereits erwähnte Physiker Burkhard Heim interpretiert solche außerkörperlichen Erfahrungen dahin gehend, dass unser Geist im Schlaf Zugang zu den höheren Dimensionen erhält. Während wir tagsüber in den unteren Dimensionen befangen seien, könnten wir nachts andere Ebenen betreten. Dies ist, wie Heim bemerkt, am radikalsten der Fall, wenn wir sterben – nicht zufällig wird der Schlaf auch »der kleine Tod« genannt.

In der Tat werden alle Vitalfunktionen nachts heruntergefahren, ob wir nun die Pulsfrequenz messen, den Blutdruck oder die Gehirnaktivitäten im Bereich der Ratio. Insofern ist der Schlaf ein todesähnlicher Zustand. Er verliert allerdings seinen Schrecken, weil der Geist nur kurz auf die Reise geht und am Morgen zurückkehrt.

Das alles könnte man für Spekulation oder Einbildung halten, wenn nicht seit den 1960er Jahren ein neuer Forschungszweig im wahrsten Sinne des Wortes Licht ins Dunkel gebracht hätte: Man befragte systematisch Menschen, die klinisch tot gewesen waren, also den Herztod erlitten hatten, danach aber zurück ins Leben geholt wurden. Was sie erzählten, waren Visionen, die ihnen im Augenblick des Todes erschienen waren. Dazu gehörte bei vielen das Bild eines schwarzen Tunnels, an dessen Ende gleißendes Licht und paradiesische Landschaften den Zustand absoluter Glückseligkeit hervorriefen.

Außerkörperliche Erfahrungen haben fast alle Nahtod-Patienten gemacht. Während sie ihren eigenen Tod erlebten, so erinnerten sie sich übereinstimmend, schwebten sie über ihrem Körper. Sie beobachteten sich selbst und die Personen, die sie umgaben. Die Arbeiten von Elisabeth Kübler-Ross beispielsweise, die sich besonders intensiv mit Nahtoderfahrungen beschäftigte, sind voll von Schilderungen dieser Art. Unabhängig von biografischen Besonderheiten und kulturellen Prägungen ereignete sich aus der Perspektive von Sterbenden stets die Loslösung der Seele von der »sterblichen Hülle«.

Dies gibt uns einigen Aufschluss über unsere Seele. Natürlich können wir sie lediglich als Produkt von Hirnfunktionen betrachten. Dann wäre sie ein komplexes Zusammenwirken elektrischer Impulse und an die Materialität der Gehirnzellen gebunden. Und sie würde folgerichtig sterben, wenn das Gehirn nicht mehr mit Sauerstoff versorgt wird. Doch können wir uns wirklich einer solch rein materialistischen Deutung anschließen? Hegen wir nicht alle die Vorstellung einer unsterblichen Seele, die den Körper spätestens dann verlässt, wenn der an die Grenze seiner Endlichkeit gelangt?

Ich persönlich misstraue einer Definition des Menschseins, das alle seelischen Vorgänge untrennbar an den Körper bindet. Nicht zuletzt die berichteten Nahtoderfahrungen legen nahe, dass die Seele tatsächlich unabhängig von seiner Fesselung an den Körper existiert und seinen Tod überdauert. Sonst hätten die Patienten nicht Dinge beschreiben können, die sie streng genommen gar nicht mehr hätten sehen können – schon deshalb, weil ihre Augen meist geschlossen waren. Für die Umstehenden wirkten sie völlig leblos. Keine Sinneswahrnehmung schien mehr möglich. Dennoch konnten die wieder erwachten Patienten exakte Angaben über die Anzahl der Menschen im Raum machen, über ihr Mienenspiel, ihre Gespräche.

Ob Nahtodpatienten, Traumdeuter oder Mönche, sie alle sprechen von einem erleuchtungsähnlichen Zustand, wenn sich die Seele tendenziell oder ganz vom Körper löst – in jenen mysteriösen Morgenstunden. Wir verschlafen also normalerweise unsere Erleuchtung oder können uns nicht mehr daran erinnern. Da jetzt aber so viele Menschen genau zu diesem Zeitpunkt erwachen, kann man daraus schließen, dass etwas uns aufweckt. Wir sind berufen, in unserer Halbschlafdisposition auf Empfang zu gehen.

Die Voraussetzung dafür ist, dass wir unsere Schlafgewohnheiten auf unseren Biorhythmus abstimmen. Wer erst weit nach Mitternacht zu Bett geht und früh wieder aufstehen muss, erreicht nicht jene Zonen, in denen wir empfänglich für transzendente Erfahrungen werden.

Wenn Sie also bereit sind, sich auf den Weg zum »neuen Menschen« zu machen, ist ein gesunder Schlafrhythmus eine unentbehrliche Basis - so wie auch ein Umfeld, in dem Sie tiefe Entspannung finden. Besonderes Augenmerk sollten Sie auf elektrische Geräte haben, deren Felder die natürlichen Felder empfindlich stören. Stellen Sie sicher, dass keinerlei Geräte wie Fernseher oder Radio in Ihrem Schlafzimmer stehen. Hilfreich ist es auch, sich einen Schalter zu besorgen, der den Stromfluss im Schlafzimmer nachts völlig unterbricht. Denn auch dann, wenn Sie eine Lampe nicht eingeschaltet haben, fließt Strom darin. Entziehen Sie sich dem Elektrosmog.

Bedenken Sie, dass Sie tagsüber auch deshalb von differenzierten Wahrnehmungen abgeschnitten sind, weil Sie unablässig elektrische Signale verarbeiten müssen. Nachts dagegen, unbehelligt von artifiziellen Einflüssen und Frequenzen, kann Ihr Unterbewusstsein mit Ihrem Bewusstsein kommunizieren. Es ist ein Zustand, der der Hypnose nicht unähnlich ist. Nicht nur Alphawellen wurden gemessen, auch Delta- und Betawellen. Die spirituellen Avantgardisten schöpfen längst aus dieser Quelle. Doch sie ist kein Privileg weniger Erleuchteter.

Vielleicht schütteln Sie jetzt den Kopf und denken: Nein, das geht mir zu weit. So etwas habe ich nie erlebt und werde es auch voraussichtlich nicht erleben. Seien Sie sich nicht so sicher. Wenn Sie beginnen, sich auf spirituelle Erfahrungen einzulassen, werden sie sogar bald zu Ihrem

Alltag gehören. Sie werden lernen, auch außerhalb des Halbschlafs empfänglich und durchlässig zu werden. Sie werden ohne Anstrengung die Kunst der Kontemplation verinnerlichen.

So kann ich diesen Zustand beispielsweise auch auf längeren Autofahrten herstellen. Während ich in entspannter Konzentriertheit den Verkehrsfluss verfolge, kommen auch meine Gedanken in Fluss. Eine Energie durchströmt mich, die so belebend und stark ist, dass sie nicht aus mir selbst kommen kann.

In den Ritualen des Zen-Buddhismus existieren die gleichen Techniken. Für einen erleuchteten Mönch ist es irgendwann gleichgültig, ob er Kartoffeln schält oder die Kiesel seines Steingartens harkt. Die motorische Monotonie der Verrichtung, die Sicherheit der Bewegungen, die keiner besonderen Kontrolle bedürfen, versetzen ihn spontan in Kontemplation.

Bald werden Sie feststellen, dass sich mit Ihrer Seele auch Ihr Körper verändert. Es wird Ihnen so vorkommen, als werde ihm neue Energie zugeführt. Mit den geistigen Blockaden lösen sich auch die körperlichen. Viele Fesseln werden fallen, weil sie künstlich sind. Sie werden sich beweglicher fühlen, besser durchblutet, neu energetisiert. Sie werden die Einheit von seelischer und körperlicher Gesundheit erfahren, und Sie werden lernen, Ihren Körper mehr zu achten, ihn ganzheitlich zu sehen.

Sie werden sich beispielsweise unwillkürlich Gedanken darüber machen, wie Sie Körper und Seele besser ernähren können. Stoffliches und Feinstoffliches sind derart innig verbunden, dass man einen unmittelbaren Bezug zwischen seelischem Befinden und der Nahrungsaufnahme spürt. Wir können hier von geistiger Ernährung sprechen.

Ob ich gut oder schlecht gelaunt bin, hängt zum großen Teil von der richtigen Nahrung ab. Das ist eine noch relativ neue Erkenntnis. In Großbritannien führte man vor kurzen eine Studie durch, die alarmierende Ergebnisse hatte. Es ging dabei um den Zusammenhang von aggressivem Verhalten und Ernährung. Man untersuchte speziell verhaltensauffällige bis gewalttätige Jugendliche. Sie alle ernährten sich überwiegend von Fast Food. Die darin enthaltenen Acrylamide verändern den Gehirnstoffwechsel so dramatisch, dass sie Aggressionen hervorrufen. Der Mensch ist, was er isst – diese alte Erkenntnis ist mittlerweile eine wissenschaftlich erhärtete Tatsache.

So wie es negative Wirkungen von Ernährung gibt, können wir aber auch zahlreiche positive Konsequenzen verzeichnen. Berühmt wurde etwa die harmonisierende Wirkung von Bananen, deren Verzehr die Bildung von Serotonin befördert. Deshalb gelten sie auch als »Gute-Laune-Früchte.« Aber das ist längst nicht das ganze Geheimnis. Denn Sie können durch gezielte Nahrungsergänzungen außerdem Ihr spirituelles Potenzial erweitern.

Es handelt sich dabei um Stoffe, die einfach zu beschaffen sind. Die Pointe ist: Sie enthalten neben ihrer chemischen Zusammensetzung auch Informationen. Drei unentbehrliche Dinge, die auf Ihrem Speiseplan stehen sollten, sind daher Quellwasser, Meersalz und Algen. Warum ausgerechnet diese drei?

Der Mensch besteht zu einem hohen Prozentsatz aus Wasser. Das finden wir meist ernüchternd, doch Wasser ist ein ganz besonderer Stoff. Nicht von ungefähr fühlen wir uns unwiderstehlich zum Wasser hingezogen, sei es zum Meer, zu einem Fluss oder einem See. Physiker gehen davon aus, dass Wasser eine morphogenetische Speicherfunktion hat. Es ist ein Trägermedium für Informationen, die seit Anbeginn der Erde gesammelt wurden und auf diese Weise ewig weiter existieren.

Möglicherweise kennen Sie dieses Phänomen aus der Homöopathie. Diese Heilmethode arbeitet nicht mit nachweisbaren Stoffen, sondern mit deren Informationen. Die sogenannten Potenzen sind so starke Verdünnungen von gelösten Stoffen, dass diese am Ende nicht mehr materiell nachweisbar sind. Dennoch wirken sie therapeutisch: Ihre Eigenschaften sind auf das Wasser übergegangen. Dass das mehr als ein Placeboeffekt ist, hat man unter anderem dadurch nachweisen können, dass homöopathische Gaben auch bei Tieren wirken. Ein Hund oder ein Pferd steht bekanntlich nicht unter dem Verdacht, sich etwas »einzubilden«. Tiere erwarten keine Heilung, wenn man ihrem Futter wässrige Potenzen etwa von wundheilendem Arnika beimischt. Dennoch setzt eine Gesundung ein.

Sie haben Vorbehalte? Nun, ich selber habe vor über zwanzig Jahren das Patent angemeldet auf ein Verfahren, das ich mit einem Physiker-Kollegen entwickelte. Dabei konnten wir belegen, dass Informationen sogar dann übertragen werden, wenn es zu keinem Austausch von Flüssigkeiten kommt. Wir füllten eine Phiole mit Wasser und stellten sie neben eine zweite wassergefüllte Phiole, in die wir ein wenig Belladonna gegeben hatten. Die Einnahme von Belladonna vergrößert die Pupillen, ein Effekt, der leicht messbar und auch fotografisch dokumentierbar ist.

Wir stellten die versiegelten Phiolen also nebeneinander und setzten sie bestimmten elektromagnetischen Frequenzen aus. Dann gaben wir den Inhalt jeweils einem Probanden zu trinken. Sie wussten nicht, worum es ging, und waren lediglich informiert worden, dass es sich um ein unschädliches Experiment handelte. Es war nahezu unglaublich: Bei beiden erweiterten sich die Pupillen. Und das, obwohl keine stoffliche Vermischung der Flüssigkeiten stattgefunden hatte. Die Eigenschaften des Belladonna, seine Informationen waren von A nach B transportiert worden. Eines Tages wird man dieses Verfahren in der Pharmazie anwenden können, momentan ist noch nicht das Problem gelöst, dass der Effekt des Informationstransfers nicht über Monate hinweg anhält.

Stellen Sie sich nun vor, dass Sie wiederaufbereitetes Wasser aus einem Klärwerk trinken. Die diversen Filtervorgänge haben das Wasser zwar in chemischer Hinsicht gereinigt, die Informationen jener Stoffe, die es verunreinigten, sind aber immer noch da. Wer sich am Wasserhahn bedient, nimmt also Informationen auf, die nicht unbedingt förderlich sind. Quellwasser dagegen ist rein und enthält darüber hinaus wichtige Informationen, die es bei seinem Weg durch das Gestein aufgenommen haben. Es zu trinken ist alles andere als ein Luxus: Wir laden uns förmlich mit Botschaften auf, wenn wir ausschließlich Quellwasser zu uns nehmen.

Auch Algen sind helfende, positive Informationsträger, da sie im Wasser wachsen – vorausgesetzt, sie werden in klaren Seen weitab von der Zivilisation geerntet. Das trifft auf die Klamathalgen zu, eine Blaualgenart, die zudem über wertvolle sekundäre Pflanzenstoffe und Spurenelemente verfügt. In Algen-Presslingen ist all das konzentriert vorhanden. Algen enthalten unter anderem Tryptophan, ein metabolischer Vorläufer von Serotonin, das sowohl für unser Wohlbefinden als auch für unsere kontemplativen Fähigkeiten wichtig ist.

Wesentlich effektiver aber sind die Auswirkungen der informativen Ebene. Unser Körper ist angewiesen auf einen Informationsfluss, der uns mit der Welt und dem Kosmos in Kontakt hält. Viele Grundnahrungsmittel und besonders denaturierte Lebensmittel wie Fertiggerichte enthalten jedoch keine Informationen mehr. Die Böden sind ausgelaugt und künstlich gedüngt, die Bewässerungssysteme werden mit wiederaufbereitetem Wasser gespeist. Die industriell erzeugte Nahrung lässt uns gewissermaßen verhungern, während sie uns mit zu viel Fett mästet und mit schädlichen Chemikalien belastet.

Diese chemischen Zusätze haben noch eine weitere fatale Auswirkung: Sie verhindern die Aufnahme wichtiger Vitalstoffe. Farbstoffe, Konservierungsmittel und künstliche Aromen stören die Stoffwechselvorgänge empfindlich. Und sie stören darüber hinaus die erwünschten Wirkungen auf die Psyche.

Meersalz schließlich ist ebenfalls als Speichermedium bekannt. Viele Menschen schwören auf Himalayasalz, da es die Informationen des Urmeeres enthält, das vor Millionen von Jahren austrocknete, als sich das Himalayamassiv im Zuge erdtektonischer Aktivitäten auffaltete. Aber auch einfaches Meersalz versorgt unseren Organismus mit wertvollen Informationen.

Wenn Sie sich nun verstärkt mit Ihrer Nahrung auseinandersetzen, gilt es noch einen weiteren Aspekt zu beachten: die Uhrzeit. Wird ein Nahrungsmittel zur falschen Tageszeit zu sich genommen, so kann das ausgesprochen negative Folgen haben. Warum? Nun, Nahrungsmittel werden nicht zu Unrecht Lebensmittel genannt. Sie steuern unser Leben und befördern es, wenn wir die biochemischen Prozesse unseres Körpers beachten. Die entscheidende Regel besteht darin, sehr genau unsere Gewohnheiten zu betrachten, was wir nach 18 Uhr zu uns nehmen – seien es Getränke oder feste Nahrung.

Grundsätzlich sollte man die Zufuhr von tierischem Eiweiß nach 18 Uhr reduzieren oder ganz weglassen. Ein spirituell geschulter Ernährungsspezialist formulierte es flapsig: »Keine Erleuchtung nach dem Käsebrot.« Tierisches Eiweiß ist durch die Wirkungen auf unsere Neurochemie ausgesprochen schädlich für einen gesunden und spirituell empfänglichen Schlaf.

Ich habe immer wieder festgestellt, wie eklatant die Stimmungsverbesserung ist und wie bewusstseinserweiternd sie wirkt, wenn ich nach 18 Uhr tierisches Eiweiß von meinem Speiseplan streiche. Die Effekte sind übrigens noch weit deutlicher spürbar, wenn ich eine ganze Woche lang ausschließlich Obst, Gemüse und Kohlenhydrate esse.

Ein chinesisches Sprichwort lautet: Wenn du deinen Kaiser töten möchtest, dann gib ihm abends viel zu essen. Das Erfahrungswissen der Chinesen beruhte auf Beobachtungen. Ohne die wissenschaftlichen Grundlagen zu kennen, richteten sie sich nach der inneren biologischen Uhr. Dieser körpereigene Rhythmus regelt die Aktivität der Organe und auch die Verdauung, bis hin zu geistigen und seelischen Aktivitäten.

Was die Chinesen intuitiv und durch Empirie bestätigt anwendeten, folgte den komplizierten Vorgängen des Biorhythmus. Abends bevorzugten sie Kräutertee – und wir sind gut beraten, es ihnen gleich zu tun.

Die Schlafqualität und auch die Traumqualität ist eine völlig andere, wenn wir abends auf Fleisch, Fisch, Eier und Milchprodukte verzichten – so abenteuerlich das klingt, so plausibel ist der Mechanismus. Er beruht auf einer Hemmung jener Stoffe, die uns Müdigkeit und kontemplative Ruhe schenken: Eiweiß verhindert die Bildung von Melatonin und Serotonin.

Es ist also nicht nur der volle Magen, der uns nach einem späten üppigen Essen unruhig schlafen lässt, es ist vor allem das Eiweiß. Probieren Sie es mit Obst, Gemüse und Getreideprodukten. Selbst am nächsten Morgen werden Sie noch spüren, dass Sie ausgeruhter erwachen und dass Sie sich die besonderen Wahrnehmungsebenen des Schlafes bis in den vollständigen Wachzustand hinein erhalten können. Was Sie als Information in Form eines Traumes oder als Vision im Halbschlaf erhalten haben, können Sie dann produktiv in Ihren Alltag mitnehmen.

Es lohnt sich definitiv, auf liebgewordene Gewohnheiten zu verzichten, auch wenn es schwer fällt. Selbst das Glas Rotwein, für viele ein unverzichtbarer Begleiter am Abend, hat leider Negatives zur Folge. Das liegt am enthaltenen Wirkstoff Tyramin. Tyramin ist ein Monoaminoxidase-Hemmer (MAO-Hemmer). Monoaminoxidase gehört zu den körpereigen produzierten Stoffen, die wie bewusstseinserweiternde Substanzen wirken. Natürlicherweise wird dieser chemische Stoff ausgeschüttet, sobald wir uns zur Ruhe begeben. Tyramin jedoch vereitelt die Ausschüttung, der Schlaf wird flacher. Verzichten Sie auf Wein – oder trinken Sie ihn zum Mittagessen.

Als Vorbereitung auf 2012 sind solche Verhaltensmaßnahmen grundlegend. Denn unsere Chronobiologie wird über die Zirbeldrüse von elektromagnetischen Feldern getaktet. Neben der Wahrnehmung von Helligkeit und Dunkelheit sind elektromagnetische Felder dafür verantwortlich, dass die Zirbeldrüse beispielsweise Melatonin produziert, das uns müde werden lässt. Die elektromagnetischen Felder, denen wir durch die veränderten Sonnenaktivitäten unterliegen, stimmen uns auf einen neuen Rhythmus ein. So ist erklärbar, warum neuerdings so viele Menschen zwischen 3 Uhr 30 und 4 Uhr 30 aufwachen.

Wir können diesen kosmisch beeinflussten Rhythmus annehmen, indem wir auch über unsere Ernährung alle Voraussetzungen dazu erfüllen. Schädlich dagegen wäre es, sich diesem Rhythmus zu widersetzen. Wir brauchen den Einklang, um 2012 gesund zu überstehen. Die Zirbeldrüse hat die bemerkenswerte Fähigkeit, uns diese Neukalibrierung zu erleichtern. Da sie nicht sklavisch auf den Hell-Dunkel-Rhythmus reagiert, sondern auch physikalische Einflüsse zulässt, haben wir alle körperlichen Optionen auf eine harmonisierende Kommunikation mit dem Kosmos.

Aus der Chronomedizin ist bekannt, dass viele Krankheitsbilder der Neuzeit, also die erwähnten Zivilisationskrankheiten, ihren Ursprung in einer Dysfunktion der Zirbeldrüse haben. Auch aus diesem Grund ist es für die Gesunderhaltung von Körper und Seele von großer Bedeutung, sich dem Einfluss von künstlichen elektromagnetischen Feldern möglichst zu entziehen. Wie eklatant sich das auswirkt, stellte ich durch Zufall fest. Ich reise seit über 15 Jahren regelmäßig nach Griechenland. Von Athen aus wähle ich anstelle eines Flugzeugs grundsätzlich ein Fährschiff. Für diese Reise bin ich zwei Tage auf dem Meer unterwegs. Kein Land ist mehr zu sehen, nur noch Himmel und Wasser. Wenn ich eine Innenkabine nehme, bin ich durch zentimeterdicke Stahlwände von den meisten artifiziellen Einflüssen abgeschirmt. Ich befinde mich in einem Faradayschen Käfig. Ohnehin sind auf dem offenen Meer wenige der zivilisatorischen Frequenzen aktiv, es gibt dort kaum elektromagnetische Wellen, wir haben kein Handynetz und weder Rundfunk- noch Fernseh-Empfang. Immer wieder hatte ich den Eindruck, als hätte ich auf dem Schiff ein anderes Bewusstsein. Es kam mir so vor, als sei ich von einer unsichtbaren Glocke befreit, die auf mir gelastet hatte.

Auch meine Mitreisenden haben solche Erfahrungen gemacht. Manche waren so euphorisch, dass sie ernsthaft erwogen, noch eine Weile hin und her zu fahren, um diesen glückhaften Zustand zu verlängern. Endlich konnten wir uns selber wieder spüren und neuen Wahrnehmungen Raum geben. Selbst Reisende mit Schlafstörungen schliefen tief und fest, träumten intensiv und konnten sich mühelos an das Geträumte erinnern. Offenbar funktionierte ihre Zirbeldrüse ohne die Störfelder besser – nichts überlagerte mehr die natürlichen elektromagnetischen Felder.

Sie sehen: Gesundheit ist nicht etwas, was man sich kaufen oder an Mediziner delegieren könnte. Wir selbst haben alles in uns, um gesund zu bleiben oder sogar noch gesünder zu werden. Nehmen Sie die kosmische Hilfe dazu an. Überprüfen Sie Ihre Ernährungsgewohnheiten, Ihren Schlafrhythmus und Ihren Umgang mit Elektrosmog. Geben Sie Körper und Seele das, was sie brauchen. Bleiben Sie geistig und seelisch auf Empfang – denn nie waren die Umstände so günstig, Ihr Selbst auf heilende Weise ganzheitlich zu entwickeln.

Wenn Sie diese Balance einmal erfahren haben, vielleicht nur für wenige Momente zunächst, sind Sie bereit für den Königsweg: die Meditation. Sie wird Ihnen helfen, nicht nur die Harmonie mit sich selbst und anderen zu finden, sondern Harmonie mit der Welt, ja, mit dem ganzen Kosmos. Über die harmonisierende und verändernde Kraft der Meditation geht es im übernächsten Kapitel. Zunächst aber werde ich Ihnen zeigen, dass Sie vorher gesellschaftliche Zwänge überwinden sollten, die Ihnen scheinbar im Wege stehen. Vertrauen Sie auf die Kraft der Veränderung. Mit einem neuen Selbstbild ganzheitlicher Gesundheit haben Sie die nötige Energie dafür.

CHECKLISTE

»Quellen der Gesundheit – wie Sie heilende Kräfte entdecken«

1. Machen Sie eine persönliche Bestandsaufnahme.
   - Nehmen Sie sich in einer ruhigen Stunde Zeit, in der Sie allein sind und keinerlei Störungen zu erwarten haben.
   - Bereisen Sie in Gedanken Ihren Körper. Beginnen Sie bei Ihren Füßen und steigen dann langsam auf.
   - Wo sind Schmerzpunkte? Wo fühlen Sie sich unwohl?
   - Gibt es Stellen, wo Sie sich ganz eins mit sich fühlen und wo Sie einen Energiefluss feststellen?
   - Gibt es Zonen, die Sie nicht spüren?
   - Haben Sie aktuelle oder chronische Krankheiten?
   - Leiden Sie unter regelmäßigen Schmerzen?
   - Welche Therapien und Medikamente gehören zu Ihrem Alltag?
   - Haben Sie Angst vor Krankheiten?

2. Klären Sie die Beziehung zu Ihrem Körper.
   - Mögen Sie Ihren Körper?
   - Was gefällt Ihnen daran, was nicht?
   - Was können Sie ändern, was nicht?
   - Sind Sie manchmal wütend auf Ihren Körper, weil er Ihnen Schmerzen bereitet oder weil er nicht so funktioniert, wie Sie gern möchten?
   - Ist Ihnen Ihr Körper manchmal fremd?
   - Hätten Sie gern einen anderen Körper?

3. Unterstützen Sie Ihren Körper, wenn er geschwächt oder
   krank ist.
   – Machen Sie sich bewusst, dass nicht Ihr Körper krank ist,
     sondern Sie selber, mit allem, was Sie ausmacht.
   – Lösen Sie sich von der Vorstellung, dass Geist und
     Körper unabhängig voneinander existieren.
   – Tauchen Sie mental tief in Ihre Beschwerden ein.
   – Wehren Sie Schmerzen nicht als lästig ab, sondern
     halten Sie den Schmerz eine Weile aus, um das dahinter
     liegende Problem zu erkennen.
   – Machen Sie sich mit dem Gedanken vertraut, dass jede
     Krankheit ein Signal für unerledigte seelische Probleme
     ist – selbst Unfälle und Verletzungen gehören dazu.
   – Delegieren Sie Ihre Gesundheit nicht völlig an einen Arzt.
     Er kann Ihnen nur helfen, wenn Sie sich aktiv beteiligen.
   – Ergänzen Sie schulmedizinische Behandlungen durch
     homöopathische und meditative Therapien.
   – Analysieren Sie Ihre seelischen »Baustellen«.

4. Betrachten Sie sich unter dem Aspekt der Selbst-
   zerstörung.
   – Welchen Schaden fügen Sie Ihrem Körper und sich
     regelmäßig zu?
   – Welche Genussgifte wie Nikotin oder Alkohol muten Sie
     ihm zu?
   – Essen Sie bewusst und gesund oder wahllos?
   – Bevorzugen Sie Fast Food?
   – Trinken Sie genug Wasser?
   – Bewegen Sie sich nur unregelmäßig oder fast gar nicht?

– Haben Sie starkes Übergewicht?
– Sind Sie bereit, diese gesundheitsschädlichen Faktoren zu ändern?

5. Gehen Sie liebevoll mit Ihrem Körper und damit mit sich selbst um.
   – Analysieren Sie Situationen, in denen Sie Ihren Körper »vergessen«, etwa, wenn Sie konzentriert arbeiten und dann auf Essen, Trinken, Ruhepausen und Bewegung verzichten.
   – Überlegen Sie, wie Sie Ihren Körper in solchen Situationen durch Pausen entlasten, in denen Sie energiereiche, gesunde Nahrung zu sich nehmen, Wasser trinken und sich bewegen.
   – Entdecken Sie die Schönheit Ihres Körpers, ungeachtet irgendwelcher Schönheitsideale. Stellen Sie sich nackt vor den Spiegel und machen Sie Ihrem Körper eine Liebeserklärung.
   – Verwöhnen Sie Ihren Körper durch gezielte Ernährung. Nehmen Sie sich Zeit zum Essen, und essen Sie ganz bewusst. Stellen Sie sich vor, wie die Nährstoffe anschließend verarbeitet werden und in jede Ihrer Zellen gelangen.
   – Bewegen Sie sich Ihren Möglichkeiten entsprechend. Treiben Sie Sport oder gehen Sie einfach spazieren. Erleben Sie dabei bewusst, wie wunderbar die Bewegungsabläufe sind und wie Sie »aufleben.«
   – Gönnen Sie sich Bäder und Massagen, tanzen Sie. Stellen Sie dabei Ihren Verstand ruhig, lassen Sie keine

anderen Gedanken zu als: »Ich mag mich und meinen Körper. Ich tue alles dafür, dass wir beide uns wohl-fühlen.«

6. Achten Sie auf die Qualität Ihrer Ernährung und Ihrer Getränke.
   – Trinken Sie ausschließlich Quellwasser, möglichst aus Glasflaschen, da Plastikflaschen die Energie des Wassers neutralisieren.
   – Gewöhnen Sie sich an, Algenpresslinge zu essen, die Sie mit konzentrierten Nährstoffen und im Wasser gespeicherten Energien und Informationen versorgen.
   – Verwenden Sie Meersalz, da es nicht nur reich an Mineralien ist, sondern wie Wasser und Algen Informa-tionen enthält.
   – Verzichten Sie weitgehend oder ganz auf Fertigmahl-zeiten und Fast food, da sie gesundheitsschädliche und aggressionsfördernde Acrylamide enthalten.
   – Wenn Sie nur Zeit für einen Snack haben, essen Sie Äpfel, Nüsse oder Trockenobst.
   – Bereiten Sie Ihre Nahrung bevorzugt selber und mit liebevoller Hingabe zu. Dann haben Sie die Möglichkeit, sich und anderen eine Mahlzeit mit positiven Energien zu servieren.
   – Beachten Sie den chronobiologischen Rhythmus. Essen Sie nach 18 Uhr kein tierisches Eiweiß mehr.

7. Reduzieren Sie Elektrosmog.
   - Statten Sie Ihre gesamte Wohnung mit Schaltern aus, durch die Sie die Stromversorgung unterbrechen.
   - Halten Sie Ihr Schlafzimmer frei von elektrischen Geräten. Das gilt auch besonders für Kinderzimmer.
   - Kontrollieren Sie Ihr Telefonverhalten und greifen Sie weniger zum Handy. Wenn Sie ehrlich sind, können Sie auf einen Großteil der Gespräche verzichten, weil sie letztlich überflüssig sind.
   - Falls Sie viel Zeit am Computer verbringen, arbeiten Sie möglichst an einem strahlungsarmen Bildschirm.
   - Gehen Sie so oft wie möglich in die Natur. Lehnen Sie sich an einen starken Baum und tanken Sie Energie jenseits künstlicher elektrischer Felder.
   - Meiden Sie Spaziergänge in der Nähe von Starkstrommasten und Überlandleitungen.

8. Achten Sie auf Ihre Schlafqualität.
   - Schlafen Sie in einem Raum, der wirklich nur zum Schlafen dient. Wenn dort noch ein Schreibtisch oder ein Bügelbrett steht, werden Sie immer an Tagesaktivitäten erinnert und finden wesentlich schwerer Entspannung.
   - Belasten Sie Ihren Körper kurz vor dem Schlafengehen nicht mit schwerem Essen, vor allem nicht mit tierischem Eiweiß.
   - Sorgen Sie für ausreichend Schlaf. Wenn Sie sich nur kurzen Schlaf zugestehen, erreichen Sie nicht die Phasen der Tiefenentspannung, die Sie empfänglich für Träume und Visionen macht.

- Falls Sie frühmorgens zwischen 3.30 Uhr und 4.30 Uhr erwachen, so bleiben Sie liegen und lassen das Licht ausgeschaltet. Dies ist die Zeitzone, in der Sie wertvolle Informationen und Energien aus dem Kosmos erhalten.
- Führen Sie ein Traumtagebuch – auch über die Bilder und Erlebnisse des Halbschlafs.
- Versuchen Sie, die Signale Ihrer Träume mit in den Alltag zu nehmen. Vergegenwärtigen Sie sich im Wachzustand, welche Botschaften Sie erhalten haben.

9. Stellen Sie sich Ihren Ängsten und Traumata.
   - Was ist das Schlimmste, was Ihnen jemals passiert ist?
   - Könnte es wieder passieren?
   - Was können Sie dagegen tun?
   - Welche körperlichen Symptome beobachten Sie in Angst- und Stresssituationen? Bekommen Sie Magenschmerzen, Kopfschmerzen oder Rückenschmerzen?
   - Wovor haben Sie am meisten Angst?
   - Visualisieren Sie den schlimmsten möglichen Fall.
   - Überlegen Sie, was dagegen spricht, dass dieser Fall eintritt.
   - Überlegen Sie auch, ob dieser schlimmste mögliche Fall eine positive Entwicklung einleiten könnte.
   - Denken Sie darüber nach, wie Sie sich Hilfe holen können – beim Partner, bei einem Freund.
   - Visualisieren Sie den Schutz, den Sie durch die jetzt wirkenden kosmischen Energien erhalten.

10. Entlasten Sie Ihren Körper.
   - Verzichten Sie so weit wie möglich auf Alkohol, Nikotin und Drogen – am besten ganz. Denn Süchte schädigen Körper und Seele gleichermaßen.
   - Stellen Sie auch im Alltag immer wieder kontemplative Zustände her, zum Beispiel beim Autofahren oder beim Kartoffelschälen.
   - Genießen Sie dabei die Ruhe und die entspannte Aufmerksamkeit und spüren Sie, wie Ihr Körper sich nach und nach entspannt.
   - Lassen Sie Visionen der Freude in Ihren ganzen Körper strömen. Machen Sie sich bewusst, wie die Energien durch Ihre Gliedmaßen und durch Ihre Organe fließen.
   - Machen Sie sich außerdem bewusst, wie viel seelische und körperliche Kraft Ihnen dabei zuteil wird.
   - Halten Sie diese Empfindung und tragen Sie sie in andere Alltagssituationen hinein. Auf die Dauer können Sie so körperliche und seelische Verspannungen vermeiden.

11. Machen Sie Ihren Körper zu Ihrem Tempel für 2012.
   - Denken Sie daran, dass Geist und Materie keine Gegensätze sind, sondern untrennbar miteinander verknüpft.
   - Sie können daraus schließen, dass der »neue Mensch« auch mit einem »neuen Körper« beschenkt wird – allerdings nur dann, wenn Sie daran mitarbeiten.
   - Gehen Sie mit Ihrem Körper so um, als sei er ein Tempel Ihres »höheren Selbst«.
   - Halten Sie diesen Tempel rein und beschmutzen Sie ihn weder durch negative Gedanken noch durch negative

Einflüsse wie Genussgifte, Bewegungsarmut oder Ausbeutung.

- Achten Sie auf noch so kleine Faktoren, die den Wohl-fühlaspekt Ihres Körpers und damit Ihrer Seele beein-trächtigen. Manchmal ist es schon ein unbequemer Stuhl oder zu enge Kleidung, die uns Unbehagen verschaffen.
- Haben Sie Respekt vor Ihrem Körper wie vor einem Tempel. Er ist ein Wunderwerk, ein komplexes Zusam-menspiel von biologischen Abläufen, die durch fahrlässige Eingriffe empfindlich gestört werden.
- Ein Tempel ist ein Transitraum für den Kontakt mit dem Göttlichen. Machen Sie Ihren Körper und damit sich selbst zu solch einem Raum, in dem Sie durchlässig für heilende, harmonisierende Botschaften und Erfahrungen sind. Auf diese Weise entwickeln Sie Ihr göttliches Potenzial.
- Feiern Sie Ihren Körper als das Medium, mit dem Sie 2012 als beglückende Veränderung erfahren werden. Stärken und kräftigen Sie ihn, damit er Energien und Informationen ungehindert und auf natürliche Weise aufnehmen kann.

5. KAPITEL

FALSCHE SYSTEMZWÄNGE – WIE SIE NEUE FREIRÄUME ERSCHLIESSEN

Haben Sie manchmal das Gefühl, in einer Zwangsjacke zu stecken? Träumen Sie manchmal davon, auszusteigen und alles hinter sich zu lassen? Verzweifeln Sie manchmal an der Übermacht eines gesellschaftlichen Systems, das Sie unablässig gängelt?

Freiheit gehört zu den pathetisch beschworenen Werten unserer Gesellschaft. Sie ist politisches Manifest und persönliches Credo. Wir wollen alles selbst entscheiden, unseren eigenen Lebensstil verwirklichen, unsere eigene Meinung bilden. »Doch die Verhältnisse, die sind nicht so«, schrieb Berthold Brecht in seiner Dreigoschenoper. Er drückte aus, was viele denken: Eigentlich wüssten wir schon, wie wir besser leben könnten. Doch da ist das System. Es tritt nicht auf den ersten Blick auffällig zutage, aber immer wieder drängt es sich in unser Bewusstsein: Wenn wir unsere Steuererklärung machen, wenn wir zur Arbeit gehen, wenn wir die Rechnung über unsere Versicherungen erhalten. Fest eingezurrt in den Systemzwang, müssen wir zuschauen, wie unser Leben von anderen bestimmt wird.

Was wir Zivilisation nennen, mag uns Freiheiten bescheren, doch im Gegenzug werden wir immer wieder zu Opfern: Wir können wenig tun, wenn uns neue Gesetze präsentiert werden, wenn der Arbeitgeber den Umzug in eine andere Stadt diktiert, wenn unsere Bank uns eröffnet, dass die Rücklagen fürs Alter soeben in der Finanzpleite zerstoben sind.

Letztlich sind es wenige Entscheider, die über uns bestimmen. Nicht immer sind sie sichtbar, so wie Spitzenpolitiker, die als öffentliche Personen für ihre Entscheidungen einstehen müssen. Viele graue Eminenzen bleiben im Hintergrund, und doch stellen sie uns vor vollendete Tatsachen. Hinzu kommen die Gefängnisse unseres Bewusstseins. Wir sind nur zu oft eingezwängt in Konventionen, in das Korsett allgemeiner Regeln und Lebensentwürfe. Wir sind fremdbestimmt und leiden häufig darunter, dass wir unsere einstigen Pläne und Utopien verraten haben.

Gibt es Auswege? Viele ergreifen die Flucht, statt Auswege zu suchen. Sie wandern aus oder flüchten sich in Scheinwelten aus Konsum, Zerstreuung, Sucht. Ich möchte Sie eindringlich davor warnen, im Handstreich Ihr Leben zu verändern. Es ist eine Illusion, dass Sie ohne Bewusstseinsveränderung neu anfangen können – einfach die Tafel wischen und neu beschriften. Beginnen Sie Schritt für Schritt, einen qualitativen Wandel herbeizuführen, dort, wo Sie leben und arbeiten. Die therapeutischen Frequenzen, die wir jetzt aus dem All bekommen, helfen Ihnen dabei.

Es ist möglich, dass es anfangs eine schmerzhafte Therapie wird. Ich würde sie mit einer Wurzelbehandlung beim Zahnarzt vergleichen. Man liegt auf dem Behandlungsstuhl und fügt sich ins Unausweichliche, möchte aber dennoch am liebsten Reißaus nehmen. Was einen ausharren lässt, ist die Gewissheit, dass am Ende aller Schmerz verschwunden sein wird.

Die Wahrscheinlichkeit ist extrem hoch, dass jeder Einzelne von uns schon in den nächsten anderthalb, zwei Jahren von Schicksalsschlägen getroffen wird. Das wird uns anfangs in Verzweiflung stürzen. Wir werden in Situationen geraten, in denen wir Schmerz in einer ungeahnten Form erfahren. Wenn man das allerdings vorher weiß, wird man nicht vom Schmerz überwältigt werden. Es ist eben wie mit dem Zahnarzttermin: Ich weiß, dass er bevorsteht, ich richte mich innerlich darauf ein – und ich überstehe ihn ohne Panik, weil ich den positiven Ausgang der Sache kenne.

Durch Sensibilisierung können wir Ängste sogar überwinden, aus der Erkenntnis heraus, dass ein sinnvoller und naturgemäßer Prozess begonnen hat. Unsere Urahnen beispielsweise wurden durch Gewitter noch in Angst und Schrecken versetzt, weil sie sich bedroht fühlten. Und weil sie sich einer mythischen Strafe ausgesetzt glaubten. Wir werden 2012 jedoch nicht bestraft, sondern beschenkt. Insofern können Sie sich gleichzeitig von Schuldgefühlen befreien, auch wenn Sie Fehler gemacht haben. So moralisch ehrenwert es ist, Schuld und Sühne als Auslöser für private und kollektive Katastrophen zu anzunehmen, so falsch ist es im Lichte der Prophezeiungen zu 2012.

Es geht vielmehr um Selbsterkenntnis und Umkehr. Es geht um die Zukunft, nicht um eine möglicherweise schuldbeladene Vergangenheit. Ignorieren Sie daher die Alarmstimmung der Medien, die unseren Untergang als kollektive Strafe für unser Fehlverhalten vorhersagen. Auch wenn wir

Raubbau an der Natur betrieben haben, auch wenn wir menschenfeindliche Systeme und Lebensweisen erdacht haben, so werden wir doch gereinigt und gestärkt werden. Es hat eine weise Logik, dass wir erst abwirtschaften müssen, um uns zu besinnen. Dann erst erkennen wir Ursachen und Alternativen. So wird der Schmerz erklärbar und erträglich. Wir können ihn nicht verhindern, wir können ihn aber als Teil des Transformationsprozesses erkennen und annehmen. Nicht jeder wird das gleiche Schicksal erfahren, aber wir werden alle an jene Grenze kommen, die uns Erkenntnis bringt. Und wenn ich »alle« sage, dann meine ich wirklich alle.

Damit kommen wir zu den gesellschaftlichen Bedingungen, die viele als so übermächtig erfahren. Die handelnden Protagonisten, die Entscheider nämlich, sind längst nicht mehr so selbstgewiss und ignorant, wie es scheinen mag. Im Gegenteil: In den letzten Monaten nahmen immer mehr Politiker, Wirtschaftsführer und Finanzleute Kontakt mit mir auf. Sie kamen in meine Vorträge und stellten viele Fragen – Fragen, die mich überraschten.

Allein ihre Anwesenheit war neu. Denn alles, was sich an Mutmaßungen und Meinungen über 2012 angesammelt hat, begann vor etwa fünfzehn Jahren in den Nischen weniger Experten. Langsam bildeten sich Communitys, die fernab der öffentlichen Aufmerksamkeit Informationen austauschten. Auf Fachkongressen wurden erste Prognosen angestellt. Im Internet entstanden Foren, in denen heftig diskutiert wurde. Immer, wenn etwas davon nach außen drang, erhielten wir das Etikett von Verschwörungstheoretikern.

Viele belächelten die 2012-Communitys. Man hielt uns für esoterische Spinner, die man nicht ernst nehmen konnte.

So staunte ich nicht schlecht, als ich vor etwa einem Jahr zum ersten Mal einem Analysten gegenüber stand. Er arbeitete für eine international verzweigte Bank und trug große Verantwortung. Dieser Mann verströmte die Aura gesellschaftlicher Macht. Doch sein Maßanzug und seine teure Uhr konnten nicht darüber hinwegtäuschen, dass er mit seinem Latein am Ende war. Soeben hatte die Finanzkrise mit der Wucht einer Naturkatastrophe einen großen Teil des Bankvermögens vernichtet. Seine Position wackelte. Gleichzeitig war ihm offenbar bewusst, dass er Tausende von Anlegern in den Ruin getrieben hatte.

Nach meinem Vortrag kam er vorn zur Bühne und stellte sich vor. Ich fragte, was ich für ihn tun könne. Daraufhin zuckte er die Achseln. Dann erzählte er stockend, dass ihm alles sinnlos erscheine. Dass er den Zynismus des Systems erkannt habe. Schlagartig war ihm bewusst geworden, dass er seine Verantwortung nur im Hinblick auf die Gewinnmaximierung definiert hatte. Er lachte bitter: »Was ist denn Gewinn? Nichts haben wir gewonnen. Und wir haben sehr viel mehr verloren als Geld: Stabilität und Vertrauen.« Er trug sich mit dem Gedanken auszusteigen.

Dann kam er auf das Thema 2012. Es faszinierte ihn, auch wenn er es gern als verrückte Schrulle einiger weniger Wissenschaftler abgetan hätte. Es wurde ein langer Abend. Immer wieder flocht er den Begriff des Systemzwangs ins Gespräch. Seine Bosse hatten ihn angewiesen, die alten Strukturen aufrecht zu erhalten, trotz der desolaten Lage des Finanzmarktes. Doch er konnte und wollte das nicht mehr. Er hatte in den Abgrund geschaut und beides gesehen: seine Schuld und seine Verantwortung.

»Ist die Finanzkrise ein Vorzeichen?«, fragte er mich schließlich. »Haben die crashenden Kurse wirklich mit den Sonnenaktivitäten zu tun?« Ich staunte. Es war nicht schwer, sich vorzustellen, wie viel Überwindung es ihn gekostet hatte, in meinen Vortrag zu kommen. Er entstammte einer anderen Welt, die völlig rational gesteuert ist. Nun nahm er Kontakt mit dem neuen Denken auf. So führte ich ihn vorsichtig an die Tatsachen heran.

Vieles, was wir als rationale Prozesse in unserem Gesellschaftssystem wahrnehmen, folgt in Wirklichkeit unberechenbaren Rhythmen. Dazu gehört auch die Hochfinanz. Sie beruht auf Krediten und auf Wetten, die über zu erwartende Gewinne abgeschlossen werden – materialisiert durch den Kauf von Aktien.

Das internationale Finanzsystem ist also nicht nur eine Sphäre der Zahlen und Fakten, sondern eine Sphäre der Spekulation. Oder, polemisch gesagt: Das System wird von Prophezeiungen gesteuert, die weit unsicherer sind als mythische Prophezeiungen.

Die Börse folgt den fragilen Gesetzen der Psychologie. Bloße Gerüchte können Euphorie oder Panik erzeugen und zum spontanen Kauf oder Verkauf von Aktien führen. Wenn wir nun wissen, dass die menschliche Psyche unmittelbar auf veränderte Sonnenaktivitäten reagiert, ist leicht vorstellbar, wie stark Sonneneruptionen oder ihr Ausbleiben auch die Psyche der Finanzleute beeinflusst.

Von außen betrachtet, »spielt die Börse verrückt« seit September 2008. Seither kursieren widersprüchliche Prognosen, die zwischen einem neuerlichen Aufschwung und dem totalen Zusammenbruch changieren. Manche tun so, als sei nichts geschehen und verharren in ihren Mustern. Andere aber, und dazu gehörte der Besucher meines Vortrags, beginnen nachzudenken: Gibt es strukturelle Gründe für den Börsencrash? Ist er ein Unfall des Systems oder aber eher ein Indiz dafür, dass das System langsam aber sicher implodiert?

Als der Analyst sich kurz vor Mitternacht verabschiedete, hatte er einen Entschluss gefasst. Zum einen wollte er sich fortan eingehend über die veränderten geomagnetischen Felder informieren. Zum anderen aber wollte er sein Wissen jetzt Menschen zur Verfügung stellen, die humane Ziele verfolgen. Er hätte Aussteigerfantasien gehabt, gestand er mir, zum Beispiel Winzer in der Toskana zu werden. Doch er hatte erkannt, dass seine Sachkompetenz auch noch für anderes gut war, als im großen Finanzpoker mitzuspielen. Er übernahm Verantwortung, mit allem, was er sich an Wissen erarbeitet hatte.

Noch lange dachte ich über ihn nach. Er hatte die Zeichen der Zeit erkannt. Die Krise hatte ihn zwar nicht erleuchtet, doch sein Bewusstsein verändert. Zum ersten Mal, seit er die Eliteschmieden internationaler Ökonomieschulen verlassen hatte, stellte er die Frage nach dem Sinn. Und zog Konsequenzen, ganz persönlich, ganz individuell.

Er blieb kein Einzelfall. Heute sitzen in meinen Vorträgen mehr Herren in Nadelstreifen als je zuvor. Sie wollen verstehen, warum so vieles aus dem Ruder läuft. Sie wollen anders arbeiten und anders leben. Unwillkürlich spüren sie, dass die Chance dafür jetzt besteht. Sie stehen nicht außerhalb der Gesellschaft, sondern besetzen Führungspositionen. Das berechtigt zu Hoffnungen. Gleichzeitig wird offenbar, dass momentan eine Veränderung mitten in der Gesellschaft abläuft. Dort also, wo die Trägheit des Bestehenden eigentlich überhaupt keinen Raum für Veränderungen zuzulassen scheint.

Wenig später sprach mich nach einem Vortrag eine elegante Dame an. Sie war eine beeindruckende Erscheinung, kultiviert und weltläufig. In wenigen Worten schilderte sie mir ihre berufliche Tätigkeit.

Sie veranstaltete Kongresse, zu denen nur internationale Multiplikatoren eingeladen wurden. Vor handverlesenem Publikum referierten dann illustre Gäste: Philosophen, Wirtschaftskapitäne, Top-Soziologen, hohe Politiker, exponierte Kulturschaffende. Meine Besucherin gehörte selbst zu dieser intellektuellen Prominenz und verfügte über ausgezeichnete Kontakte.

»Wissen Sie«, eröffnet sie nach dieser Einleitung das Gespräch, »das alles gibt mir nichts mehr. Es ist interessant, zugegeben, und lange konnte ich mich im Glamour dieser Veranstaltungen sonnen. Doch ich empfinde eine tiefe Sinnlosigkeit. Die realen Probleme werden durch solche Symposien niemals gelöst. Man thematisiert die Probleme zwar, doch spätestens beim Champagnerempfang ist für meine Gäste die Welt wieder in Ordnung.« Sie sah mich fragend an. »Was bedeutet für Sie Orientierung?«

Nun begann ich von mir zu erzählen. Von meinen Forschungen und von meiner selbst gestellten Aufgabe, so viele Menschen wie möglich für die Ereignisse von 2012 zu sensibilisieren. Und ich erzählte von meinem Leben. Besonders interessierte sie meine Einstellung zu gesellschaftlicher Stellung und materiellem Besitz, denn diese beiden Faktoren waren die wesentliche Motivation ihrer beachtlichen Karriere gewesen. So schilderte ich ihr meine Einstellungen dazu.

Ich hatte es nie auf eine glänzende akademische Karriere abgesehen. Durch einige staatlich finanzierte Forschungsprojekte, an denen ich teilnahm, hatte ich hautnah miterlebt, dass Universitäten selten das Außergewöhnliche fördern. Nur Stromlinienförmiges wurde verlangt. Mein Ansatz, interdisziplinär zu arbeiten, mit Vertretern unterschiedlichster Fachgebiete, war immer wieder auf Unverständnis gestoßen. Ich hatte Systemzwänge erlebt – und ich hatte sie hinter mir gelassen. In den Augen mancher Fachkollegen wurde ich deshalb zum Außenseiter. Doch ich wusste mich im Einklang mit einer internationalen Forschungs-Avantgarde, die in den letzten Jahren ihre wissenschaftliche Relevanz bewiesen hat.

»Und wie überleben Sie das materiell?«, wollte die Dame wissen. Ich antwortete, dass ich Besitz nur noch als Leihgabe betrachte. Ich bewohne ein einfaches kleines Häuschen in Griechenland, und ab und zu eine winzige Blockhütte in Österreich. Doch ich weiß, dass mir das alles jederzeit genommen werden kann. Deshalb hänge ich mein Herz nicht daran. Ohnehin wird nach 2012 eine derart andere Existenzform auf uns zukommen, dass solche Dinge keine Rolle mehr spielen werden. Das ist meine feste Überzeugung.

Mittlerweile hat diese Dame ihren hochdotierten Job aufgegeben. Sie vernetzt sich zunehmend mit Menschen, die hinter die Kulissen des intellektuellen Betriebs schauen und etwas aufbauen möchten, statt fruchtlose Debatten zu führen. 2012 wurde für sie zu einer Herausforderung, die sie annahm. »Es war ganz leicht«, sagte sie, als sie mich einige Wochen nach unserem Treffen anrief. »Sobald ich meinen Entschluss gefasst hatte, war der Rest nur noch eine Formalität. Ich kündigte. Ich reduzierte meinen aufwändigen Lebensstil. Jobs habe ich trotzdem bekommen, wie aus dem Nichts. Doch ich wähle jetzt sorgfältig aus, welche ich annehme. Ich möchte nichts Sinnloses mehr tun.«

Auch Ärzte strömen zu meinen Vorträgen, sie wollen mehr erfahren über die Auswirkungen physikalischer Felder auf die Gesundheit ihrer Patienten. Soziologen fragen mich, welche Zusammenhänge es zwischen gesellschaftlichen Trends und Sonneneruptionen gibt. Theologen fragen mich, ob ich eine Vorstellung von Gott hätte und ob Gott es sei, der uns die Kraft der Veränderung zuteil werden lässt. Nicht immer habe ich schnelle Antworten parat. Doch jedes Gespräch untermauert meine Beobachtung, dass schon weit mehr Menschen Botschaften und Signale empfangen, als man allgemein für möglich hält.

Die Welt kommt in Fluss. Energien werden frei. Zwänge werden in Frage gestellt. Eine Tendenz zur Veränderung ist mit Händen zu greifen. Wie steht es mit Ihnen? Haben Sie sich im einen oder anderen meiner Gesprächspartner wiedergefunden? Wie können Sie Ihr Leben inmitten des Systems ändern, ohne komplett auszusteigen? Welche Verantwortung erwächst Ihnen durch Ihre Fähigkeiten? Schuften Sie widerwillig für materiellen Wohlstand? Genießen Sie, was Sie sich erarbeiten? Ist Freude Ihr Grundgefühl? Vor allem aber: Was können Sie verändern?

Ich verstehe gut, wenn Sie jetzt einwenden, dass Sie als einzelne Person unmöglich das System verändern können. Vielleicht arbeiten Sie in der Verwaltung oder als Friseurin, vielleicht sind Sie Lehrer oder Bäcker. Wer hört schon auf mich, werden Sie denken. Wen interessiert es schon, wenn ich mein Bewusstsein schärfe und neue Lebensziele in den Blick nehme. Oberflächlich gesehen haben Sie Recht. Sie haben keinen Einfluss auf die Gesundheitsreform oder auf die Grenzwerte für den industriellen Emissionenausstoß. Sie agieren in einem kleinen, überschaubaren Bereich und haben weder die Ambition noch die Möglichkeit, in die Liga der Top-Entscheider aufzusteigen. Sind Sie also machtlos?

Nein, Sie sind alles andere als machtlos. Sie haben sogar große Macht. Denn gesellschaftliche Prozesse werden meist durch unmerkliche, winzige Bewusstseinsveränderungen eingeleitet. Neue Ideen entstehen meist an den Rändern der Gesellschaft. Dann beginnen sie zu zirkulieren, sie multiplizieren sich und steigern sich zu einem übergeordneten Trend, der Altes auslöscht. Aus der Chaostheorie kennt man diesen Mechanismus: Noch so kleine Änderungen des Systems sind in der Lage, das gesamte System schließlich kippen zu lassen.

Es waren Wetterforscher, die als erste auf diesen Effekt hinwiesen: Sie hatten beobachtet, dass selbst unscheinbare Änderungen der klimatischen Randbedingungen zu dramatischen Folgen führen können. Der Wetterforscher Edward Lorenz zählt zu den Pionieren der Chaostheorie. Er stellte fest, dass das Wetter ein nicht-lineares System ist, mit der Tendenz, spontan zu kippen, sich also plötzlich völlig zu verändern.

In einem linearen System gilt: kleine Ursache, kleine Wirkung – große Ursache, große Wirkung. Doch für das Wetter galt etwas anderes. Lorenz fasste seine Erkenntnis in dem berühmt gewordenen »Schmetterlingseffekt« zusammen: Der Flügelschlag eines Schmetterlings in Südamerika könne prinzipiell einen Tornado in Japan hervorrufen, sagte er. Winzigste Ursachen also könnten durch Selbstverstärkung gewaltige Wirkungen haben. Schließlich kippe das ganze System – allein deshalb, weil ein kleiner Schmetterling ein paar Kubikzentimeter Luft bewegte.

Der Schmetterlingseffekt hat auch Relevanz für gesellschaftliche Phänomene, sehr große Relevanz sogar. Und hier wird es spannend. Der Soziologe Rainer Paslack beispielsweise bezieht sich darauf, wenn er das Ende der DDR analysiert. Letztlich sei die Öffnung der westdeutschen Botschaft in Ungarn für Ostdeutsche der entscheidende Flügelschlag gewesen. Diese veränderte Randbedingung sei verantwortlich für den ungeheuer raschen Umsturz eines bis dato stabilen politischen Systems gewesen, stellt er fest.

Die Tatsache, dass ein paar Hundert Menschen alles hinter sich ließen und wagemutig flohen, erwies sich als folgenschwer. Dass diese Menschen von Ungarn aus in den Westen reisen durften, habe einen psychologischen Dominoeffekt ausgelöst, der sich selbstverstärkend bis hin zu den Rufen gesteigert habe: »Die Mauer muss weg!« Mit den bekannten Konsequenzen.

Auch heute stehen wir vor Mauern. Vor den Mauern des Systems und vor den Mauern in unserem Bewusstsein. Wir wagen nicht, in Alternativen zu denken. Die wenigen Menschen allerdings, die es dennoch tun, werden keine Randfiguren bleiben. Unmerklich erst, dann immer intensiver tragen sie zu einem allgemeinen Umdenken bei. Sie stecken andere an mit ihrem neuen Denken, sie säen neue Ideen über das Menschsein und das Zusammenleben, und diese Saat wird aufgehen.

Seien Sie gewiss, dass auch Ihr Umdenken zu jenen Schmetterlingsschlägen gehört, die das System verändern, vielleicht sogar zum Kippen bringen können. Kein Gedanke, keine Erfahrung, kein Gespräch darüber geht verloren. Was Sie denken, fühlen und aussprechen, wird große Wirkung haben, ganz gleich, ob Sie Straßen teeren oder ein Unternehmen führen. Was Sie sagen und tun, findet in einem veränderten Energiefeld statt. Viele sind bereits achtsam geworden durch die veränderten geomagnetischen Felder, sie suchen unbewusst nach neuen Antworten und werden Ihnen zuhören.

Es ist übrigens auch völlig gleichgültig, an welchem Punkt der Erde Sie sich geographisch befinden. Genetische Veränderungen, Erfindungen und Lernprozesse verbreiten sich nämlich unabhängig von räumlichen Verhältnissen.

Mit dem Begriff der »morphischen Felder« hat der britische Biologe Rupert Sheldrake einen wertvollen Beitrag zur Erklärung dieses Phänomens beigetragen. Er beschäftigte sich mit dem rätselhaften Umstand, dass fast synchron auf verschiedenen Kontinenten ähnliche Genmutationen stattfanden. Auch war ihm aufgefallen, dass sich Lernschritte so gut wie zeitgleich vorlagen.

Die berühmt gewordenen Sheldrake'schen Spatzen brachten ihn darauf. In Großbritannien und in den USA hatte eine bestimmte Spatzenart ungefähr zur selben Zeit eine spezielle Methode der Nahrungsaufnahme entwickelt. Sie begannen plötzlich, Milchtüten aufzupicken, die frühmorgens vom Milchmann vor der Haustür abgestellt wurden. Sheldrake schloss daraus, dass über Tausende von Kilometern hinweg diese neue Fähigkeit kommuniziert wurde – durch morphische Felder. Es gab offenbar einen Informationstransfer, der ungewöhnlich schnell und effektiv funktionierte.

Wenn Sie also anders denken und handeln, wird das nicht nur Ihr unmittelbares Umfeld beeinflussen. Es wird unsichtbar weltweit kommuniziert, mit großer Durchschlagskraft. Das verwandelt auch die scheinbar Machtlosen in wichtige Impulsgeber und entspricht der Vorstellung einer Ganzheitlichkeit unserer Existenz: Alles ist mit allem verbunden. Wir haben die Fähigkeit, mit der Kraft unserer Gedanken einen unschätzbaren Beitrag zum großen Wandel von 2012 beizutragen. Wenn Sie sich mit Ihren Eingebungen und Visionen aktiv auseinandersetzen, helfen Sie auch anderen, diese Dinge in ihr Bewusstsein kommen zu lassen.

Ich bin sicher: Der Finanzspezialist und die Kulturmanagerin hatten bereits Kenntnis davon. Sie spürten, dass etwas mit ihnen geschah, was einen Wandel einleitete. Doch erst die Finanzkrise brachte den Ökonomen zum Umdenken, und erst das massive Unbehagen der Kulturmanagerin führte sie in meine Vorträge. Sie suchten Aufschluss darüber, was eigentlich mit ihnen passierte.

Mich persönlich fasziniert immer wieder, wie viel Bewusstseinspotenzial auch schon bei jenen vorhanden ist, die mit großer Skepsis in meine Vorträge kommen. Anfangs sitzen viele mit verschränkten Armen und verschlossenen Gesichtern auf ihren Stühlen. Sie wirken so, als seien sie wider Willen und wider besseres Wissen gekommen. Aber sie sind gekommen, das ist es, was zählt. Schon nach wenigen Minuten dann fühle ich, wie sich die Atmosphäre im Raum verändert. Und das nicht etwa, weil ich das Blaue vom Himmel herunter fabuliere, sondern weil ich Fakten ausbreite. Weil ich Messdaten und Diagramme erläutere, die die physikalischen Veränderungen zweifelsfrei belegen.

Die Zuhörer, auch die anfangs so skeptischen, ändern zuerst ihre Körperhaltung. Die Arme lösen sich vom Körper, ihre Gesichter beginnen zu leuchten. Ich kann mit Händen greifen, dass ihnen vieles klar wird, was sie bisher nur undeutlich gespürt hatten. Plötzlich sind sie aus ihrer Erstarrung befreit. Ich kann und will niemanden überzeugen, der hartnäckig auf seinen Mustern beharrt. Aber es werden immer mehr, die Fragen haben, weil sie ihre irritierenden Wahrnehmungen nicht einordnen können. Wenn ich dann den Schleier wegziehe und die Ursachen erkläre, ist es, als sei ein Bann gelöst. Nach meinen Vorträgen werde ich nun immer häufiger angesprochen. Wildfremde Leute erzählen mir ihre Geschichte und geben mir ihre Visitenkarten, damit wir in Kontakt bleiben können.

Mit vielen treffe ich mich anschließend zu Einzelgesprächen. Auf diese Weise habe ich Einblick in unterschiedlichste Biografien und Lebenssituationen erhalten. Es spielt keine Rolle, wo man in dieser Gesellschaft steht. Auch die Bildung spielt keine Rolle. Die Kraft der Intuition ist uns angeboren, sie muss nur entdeckt und angewandt werden. Ich verstehe mich als Geburtshelfer dieser Erkenntnisprozesse. Und ich habe nur zu oft erlebt, welch eine positive Entwicklung im Anschluss an meine Informationen für den Einzelnen möglich war.

Erinnern Sie sich noch an die Zeit, als Sie ein Kind waren? Damals kannten Ihre Wünsche keine Grenzen. Sie wünschten sich, fliegen zu können, ein Haus voller Spielsachen, Sie wünschten sich, später Pilot oder Astronaut zu werden. Und Sie hielten für möglich, dass alle diese wunderbaren Dinge auch tatsächlich eintrafen. Im Laufe der Zeit dann hörten Sie immer häufiger den Satz: »Bei dir wachsen die Wünsche noch in den Himmel. Warte nur ab, das gibt sich schon.«

Meist sind es Erwachsene, die so mit Kindern sprechen. Sie projizieren ihre eigene Desillusionierung auf die Kinder und vermauern die freien Zonen der Imagination mit immer neuen Wänden, an denen sich die Kinder ihre Köpfe wund schlagen. Bis sie aufgeben. Dann löst das Realitätsprinzip die wundersame Kraft des Wünschens ab. Was folgt, ist Ernüchterung. Und nur in sentimentalen Momenten wird sich mancher noch an die himmelstürmenden Wünsche von einst erinnern.

Entwicklungsforscher vergleichen die kindliche Phase unbedingten Wünschens mit der frühen mythischen Phase der Menschheitsgeschichte. So wie unsere Urahnen, die sich vom Himmel grenzenlos alles erhofften, befinden sich auch Kinder noch im magischen Zeitalter. Es ist bevölkert von allerlei Wesen, von allmächtigen Gottheiten, Drachen, guten Feen und anderen Fabelgestalten. Die Kehrseite dieses mythischen Glaubens ist, dass auch Ängste und Befürchtungen ins Unendliche wachsen. So wie Kinder fürchteten sich unsere Urahnen vor dem Dunkel und wähnten überall schreckliche, bedrohliche Wesen.

Es wäre falsch, diese frühen Phasen zu belächeln. Im Gegenteil: Wir haben Grund, uns intensiv an sie zu erinnern. Denn einer der fatalsten Systemfehler ist es, dass wir das Wünschen verlernen. Es überwintert tief ins uns, meist zu kleinen Fantasien geschrumpft. Wir vergessen unsere Träume allmählich – und sie in die Wirklichkeit umzusetzen, dass kommt uns nicht einmal mehr in den Sinn. Doch alles Verändernde, Heilende und Erlösende kommt aus genau jener Sphäre. Der Gedanke ist der Anfang, und der Glaube kann bekanntlich Berge versetzen. Wir alle kennen die Macht der »self fulfilling prophecy«, doch wir nutzen sie viel zu selten in positivem Sinne.

Wir schleppen einen schweren Sack voller Enttäuschungen und Entmutigungen mit uns herum. Auch Sie. Werfen Sie diesen Sack von sich. Befreien Sie sich. Versetzen Sie sich in Gedanken zurück in den unschuldigen, nahezu paradiesischen Zustand, als alles, wirklich alles möglich schien. Alles ist möglich. Ganz konkret.

Wenn Sie also das nächste Mal über Systemzwänge nachdenken, über die vielen Grenzen und Regeln, die man Ihnen auferlegt, dann kapitulieren Sie nicht. Nutzen Sie den Moment. Seien Sie aufmerksam für das Jetzt. Ihre Herkunft, Ihre Geschichte, Ihre Zwänge verlieren ihre fesselnde Bedeutung, wenn Sie sich eins fühlen mit dem kollektiven Transformationsprozess. »Alle Menschen werden Brüder«, singt der Chor in Beethovens Neunter Symphonie. Lange hat man das für eine idealistische Vision ohne Realitätsbezug gehalten. Jetzt könnte dieser Satz freudig erlebte Wirklichkeit werden.

CHECKLISTE
»Falsche Systemzwänge – wie Sie neue Freiräume erschließen«

1. In welchen Systemen leben Sie?
   - Verschaffen Sie sich einen Überblick über die Komplexität Ihrer Lebenssysteme.
   - Zählen Sie im Einzelnen auf: Das System Ihres Ich, Ihrer Familie, Ihres Jobs und der Gesellschaft, in der Sie leben.
   - Schreiben Sie die Regeln auf, nach denen Sie leben: Verhaltensregeln, Tagesrhythmus, Verbote und Gebote, Pflichten, Ansprüche anderer, Zukunftsplanungen.

- Markieren Sie, welche dieser Systemregeln Sie selbst gemacht haben und welche Ihnen von außen diktiert wurden.
- Unterscheiden Sie auf dieser Liste zwischen Zwängen, Regeln und eigenen Maßgaben.
- Gehen Sie die Liste nun noch einmal durch im Hinblick darauf, welche der fremdbestimmten Maximen überflüssig sind. Das könnten Verpflichtungen sein, die nur dem Status dienen, der Beliebtheit oder der puren Konvention.
- Streichen Sie diese Punkte durch.

2. Denken und fühlen Sie in Alternativen.
   - Imaginieren Sie einen Zustand absoluter Freiheit. Was würden Sie als erstes tun?
   - Betrachten Sie nun die vielen Systeme und Binnensysteme, in die Sie eingebunden sind. Schauen Sie auf Ihre Liste und rekapitulieren Sie Zwänge, Regeln und eigene Maßgaben.
   - Es könnte sein, dass durch die Streichungen nur noch wenige übrig geblieben sind. Unterziehen Sie sie einer neuerlichen Überprüfung.
   - Überlegen Sie, welche dieser Punkte einer Revision bedürfen – wo könnten Sie Korrekturen vornehmen?

3. Erlernen Sie das Wünschen neu.
   - Machen Sie es sich zur Gewohnheit, jeden Abend den Tag Revue passieren zu lassen, mit allen guten und schlechten Dingen.
   - Was hatten Sie sich für diesen Tag gewünscht? Was ist davon Wirklichkeit geworden?

- Formulieren Sie nun Ihre weiteren Wünsche. Falls Sie gläubig sind, tun Sie das in Form eines Gebets.
- Präzisieren Sie Ihre Wünsche: Was erhoffen Sie sich für den nächsten Tag, das kommende Jahr, für die Zeit in zwanzig Jahren?
- Ignorieren Sie die Grenzen, die diesen Wünschen gesetzt sind.
- Vertrauen Sie auf die Kraft der Gedanken. Nichts bleibt unberücksichtigt, nichts geht verloren.

4. Beobachten Sie die Zeichen und Signale Ihres Umfelds.
   - Gibt es Menschen, mit denen Sie täglich zu tun haben, die eine positive Veränderung durchgemacht haben?
   - Was genau hat sich bei diesen Menschen geändert?
   - Könnten Sie daraus schließen, dass diese Menschen auf ein verändertes Erdmagnetfeld reagiert haben?
   - Gibt es Hinweise, dass einige dieser Menschen sich mit Spiritualität beschäftigen?
   - Stellen Sie ohne direkte Kommunikation eine Verbindung mit diesen Menschen her.
   - Stellen Sie sich vor, dass Sie sich gegenseitig Kraft zur Veränderung geben.

5. Beginnen Sie Schritt für Schritt mit Veränderungen.
   - Führen Sie kleine systemische Änderungen ein. Auch wenn Sie jeden Tag zur selben Zeit arbeiten müssen, können Sie beispielsweise die Pausen anders gestalten. Statt essen zu gehen, könnten Sie Obst einpacken und die Pause zu einem Spaziergang nutzen,

auf dem Sie innehalten und Ihren Geist innerlich
befreien.

– Planen Sie regelmäßig Verabredungen mit sich selbst,
bei denen Sie gedanklich auf die Reise gehen und Alter-
nativen durchspielen.
– Stellen Sie sich bei jeder getroffenen Entscheidung vor,
Sie würden das Gegenteil tun. Das befreit.
– Spiritualisieren Sie Ihren Alltag.
– Öffnen Sie sich regelmäßig für besondere Wahrnehmun-
gen, die Ihnen bisher unwichtig erschienen.

6. Nutzen Sie die Energie der morphischen Felder.
– Machen Sie sich bewusst, dass zurzeit überall auf der
Welt wichtige spirituelle Lernprozesse vor sich gehen.
– Visualisieren Sie die Personen, die bereits »erleuchtet«
sind.
– Stellen Sie sich beispielsweise einen Bettelmönch in
Thailand vor, einen spirituell motivierten Heiler in
Deutschland oder einen amerikanischen Physiker, der die
spirituelle Dimension der veränderten Sonnenaktivitäten
untersucht.
– Imaginieren Sie das geistige Feld, das diese Personen
aufbauen.
– Tauchen Sie in Gedanken tief in dieses Feld ein.
– Machen Sie sich durchlässig für die Ideen und Informa-
tionen dieses Feldes, an denen Sie teilhaben können.
– Halten Sie dieses Gefühl, auf Empfang zu sein, auch
im Alltag.

7. Suchen Sie sich Projektionsflächen für Ihre Visionen.
   – Erinnern Sie sich an Situationen, in denen Sie besonders lebhafte Visionen, Wachträume und spirituelle Erfahrungen gemacht haben.
   – Überlegen Sie, welche Umstände in diesen Situationen herrschten.
   – Zählen Sie in Gedanken Orte, Zeiten, Farben, Gerüche, Geräusche, Musik, Bilder auf, die etwas in ihnen ausgelöst haben.
   – Achten Sie nichts zu gering. Vielleicht ist es eine Mozart-Sinfonie, die ein Gefühl der Transzendenz auslöste, vielleicht aber auch das Joggen in einem bestimmten Wald.
   – Machen Sie es sich zur Gewohnheit, an die betreffenden Orte zurückzukehren, die auslösenden Farben oder Gerüche zu suchen.
   – Vergegenwärtigen Sie sich, dass Sie dadurch Erlebnisse auslösen, mit denen Sie wie in einem Fahrstuhl Ihre gewohnten Systeme verlassen können.

8. Überwinden Sie falsche Systemzwänge durch Ihr »höheres Selbst«.
   – Nehmen Sie noch einmal Ihre anfangs erstellte Liste in die Hand.
   – Befragen Sie Ihr »höheres Selbst«, wie es die einzelnen Punkte bewertet.
   – Vergegenwärtigen Sie sich den Zeitfaktor dieser Punkte. Alle menschengemachten Systeme sind endlich.
   – Bedenken Sie, dass Ihr »höheres Selbst« außerzeitlich ist, so wie Ihre Seele.

- Entwickeln Sie die Vision, wie diese Systeme zusammenbrechen. Überlegen Sie, welche Systemfehler dazu führen könnten.
- Überwinden Sie die Ängste, die sich mit solchen Zusammenbrüchen verbinden, indem Sie sie als Auftakt zur heilenden Transformation bewerten.
- Suchen Sie Hilfe bei Ihrem »höheren Selbst«, wenn Sie sich dabei verunsichert fühlen.

9. Erweitern Sie Ihren Blick.
- Verlassen Sie gedanklich die engen Systeme, in denen Sie leben – wechseln Sie vom Mikrokosmos in den Makrokosmos.
- Imaginieren Sie unser Sonnensystem und vergegenwärtigen Sie sich, dass Sie ungeachtet aller Systemzwänge ein Teil dieser Unendlichkeit sind.
- Erspüren Sie die Verbundenheit mit dieser kosmischen Gegenwart.
- Stellen Sie gedanklich Kontakt zur Sonne her. Nehmen Sie bewusst die Gegenwart ihres Lichts, ihrer Wärme und ihrer Strahlungen auf.
- Nehmen Sie nun eine Umwertung vor: Befreien Sie sich innerlich von Menschen, die Sie sichtbar oder unsichtbar steuern, und machen Sie sich klar, dass die Einflüsse der Sonne weit wichtiger für Sie sind.
- Verinnerlichen Sie diese Tatsache zu einem Grundgefühl.

10. Lassen Sie sich führen.
    – Wem vertrauen Sie bedingungslos?
    – Lassen Sie sich innerlich in dieses Gefühl des Urvertrauens fallen.
    – Machen Sie sich bewusst, dass Sie in diesem Sinne der Sonne vertrauen dürfen.
    – Beschäftigen Sie sich geistig mit der Tatsache, dass die Sonne uns schon jetzt Orientierung für 2012 gibt.
    – Verhalten Sie sich so, als sei nur noch die Sonne Ihre Instanz.
    – Lassen Sie sich behutsam von den Strahlungen führen, die jetzt Ihr Bewusstsein erweitern. Sie müssen sich dabei nicht unterwerfen, sondern nur die Idee einer Harmonie mit der Sonne über alles stellen.

6. KAPITEL

FOKUSSIEREN –
WIE SIE DIE MEDITATION
ENTDECKEN

Zu Beginn der nächsten Reiseetappe möchte ich Sie mit einer einfachen Meditation einstimmen. In der Checkliste des vorherigen Kapitels haben Sie bereits einige Hinweise erhalten, wie Sie in Verbindung mit den ungeheuren kosmischen Energien treten, die Ihnen jetzt geschenkt werden. Es kommt von nun an darauf an, dass diese Verbindung ein Teil Ihres Lebens wird.

Das kann besonders durch die Kunst der Meditation geschehen. Von einer Kunst spreche ich deshalb, weil wir uns anfangs wie Schüler eines genialen Künstlers fühlen, der die Kräfte der Gestaltung kennt. Auch wir können diese Fähigkeit erlernen. Die Meditation befreit Sie nicht nur von falschen Systemzwängen, sie erhebt Sie über alle irdischen Zwänge und macht Neues sichtbar.

Sicherlich haben Sie schon von erleuchteten Yogis gelesen, die sogar die Kunst der körperlichen Levitation beherrschen: Sie erheben sich im Lotussitz einige Zentimeter über den Erdboden, ohne auch nur einen einzigen Muskel zu bewegen. Wenn Sie nie meditiert haben, erscheint das, wenn nicht völlig unwahrscheinlich, so zumindest unerreichbar. Letztlich ist es nur eine extreme Spielart der Erfahrung, dass der Gedanke alles vermag. Doch hier geht es nicht um spektakuläre Leistungen, sondern um eine neue Ausrichtung Ihres Denkens und Fühlens. Fangen wir also an.

1. Meditation

Atmen Sie tief durch. Setzen Sie sich entspannt auf ein großes, weiches Kissen. Falls Sie körperliche Probleme dabei haben, setzen Sie sich in einen bequemen Sessel. Dämpfen Sie das Licht, oder zünden Sie eine Kerze an. Sorgen Sie für absolute Stille. Schon jetzt werden Sie spüren, dass Ihnen etwas Besonderes bevorsteht. Erwarten Sie es mit Freude und Vertrauen.

Konzentrieren Sie nun Ihre Gedanken darauf, dass Sie ein Teil des Kosmos sind. Denken Sie daran, dass alles mit allem verbunden ist und dass Sie mit allem, was ist, in Kontakt stehen. Besänftigen Sie Ihr Ego und Ihren Willen. Legen Sie Ihr Ego innerlich behutsam schlafen, decken Sie es gut zu. Ihr Ego ist nicht Ihr Feind, sondern ein Aspekt von Ihnen, den Sie mit Ihrer zukünftigen Existenz in Einklang bringen, wenn Sie es liebevoll in seine Schranken verweisen.

Fokussieren Sie sich auf das Jetzt. Schieben Sie alle Gedanken beiseite, die mit Vergangenheit und Zukunft zu tun haben. Sie sind die Quelle vieler Leiden und Ängste. Seien Sie ganz in der Gegenwart. Genießen Sie das Sich-Wohlfühlen im Moment.

Visualisieren Sie nun die kosmischen Energien, die permanent wirken. Stellen Sie sich die Energien als Strahlen vor, als Wellen, als ein Lebenselixir. Schließen Sie die Augen. Stellen Sie sich nun vor, wie die kosmischen Energien anschwellen, vor allem die Energien, die von der Sonne ausgehen. Sie werden von ihnen durchpulst. Die Energien erreichen jede Ihrer Zellen. Und sie werden immer intensiver. Sie können die Vibration spüren, die Sie erfasst. Dabei werden Sie leicht und frei. Sie erreichen einen höheren Energielevel. Und Sie erreichen eine höhere Dimension, in dessen Zentrum nichts als die Sonne steht.

Halten Sie die Augen weiter geschlossen, während die Sonne nun zu Ihrem eigenen Zentrum wird. Lassen Sie vor Ihrem inneren Auge goldene Strahlen von der Sonne herabfließen, die sich in eine Krone auf Ihrem Kopf ergießen. Von dort aus verteilen sich die goldenen Fluten in Ihrem ganzen Körper. Und sie machen nicht halt: Wenn Sie an Ihren Füßen angelangt sind, dringen sie in den Boden ein und verteilen sich in die unsichtbaren Wurzeln, durch die Sie mit der Erde verbunden sind.

Halten Sie diesen Zustand. Sie sind jetzt völlig durchlässig, angeschlossen an den großen Energiestrom. Die Strahlen sind in Ihnen und umhüllen Sie, sie verbinden Sie mit Himmel und Erde. Sie sind nun ein Weltkind, das die Alleins-Erfahrung machen darf.

Halten Sie diese wunderbare Erfahrung. Sie sind völlig verankert im Sein, Sie haben Ihren natürlichen Platz im Universum gefunden. Gleichzeitig lädt sich Ihre Aura mit diesen Strahlen auf, und sie umgeben Sie wie eine leuchtende Wolke. Genießen Sie das Privileg, ein bewusster Teil des Ganzen zu sein.

Denken Sie an eine Existenz ohne Ende und Anfang. Freuen Sie sich an Ihrer Unbegrenztheit und Unendlichkeit. In diesem Zustand können Sie nicht verlassen sein, nicht einsam, nicht furchtsam. Die spirituelle Realität ist heilsam und tröstlich. Sie werden erfüllt und getragen von höheren Mächten.

Setzen Sie sich kein Zeitlimit. Verharren Sie fünf Minuten oder eine Stunde in dieser inneren Haltung. Wenn Sie das Bedürfnis haben, in Ihre empirische Welt zurückzukehren, so tun Sie dies langsam. Bewegen Sie leicht Ihren Körper. Dehnen Sie Ihre Glieder. Wenden Sie Ihr Gesicht nach oben und bedanken Sie sich. Dann öffnen Sie die Augen. Gehen Sie nicht gleich wieder Alltagsgeschäften nach. Bleiben Sie einfach sitzen und lassen Sie Ihren Blick schweifen. Gut möglich, dass Sie nun alles mit anderen Augen sehen. Sie erkennen in allem den Bezug zur Sonne und das Wirken der Energien.

Wie geht es Ihnen jetzt? Schreiben Sie die Gedanken und Visionen auf, die in Ihnen hochsteigen. Solch ein Meditationstagebuch ist ein wichtiges Dokument Ihrer weiteren Entwicklung. Je öfter Sie diese Meditation durchführen, desto mehr werden Sie daran wachsen. Das ist das tiefe Geheimnis dieser Übung. Sie werden spirituell erwachen, und schon nach kurzer Zeit werden Sie sich wundern, wie Sie es so lange im Dunkel eines banalen Realitätsprinzips ausgehalten haben.

Ihre Realität ist nun eine andere. Sie ist nicht starr, sondern im Fluss. Sie wird täglich neu betankt und aufgeladen, dank der nie versiegenden Energiequelle der Sonne. Sie überschreiten die Schwelle zum neuen Zeitalter, zu einem goldenen Zeitalter, in dem die Menschen auf einer höheren Daseinsform existieren werden. Die Meditation führt Sie dorthin.

Ist das alles neu und ungewohnt für Sie? Oder haben Sie bereits Erfahrung mit der meditativen Praxis? In jedem Fall wird Sie interessieren, was physiologisch mit Ihnen geschieht, wenn Sie meditieren. Denn Meditation ist keine Autosuggestion im simplen Sinne, sie ist an messbare Hirnveränderungen geknüpft und verändert das Gehirn auf die Dauer sogar. Auf der biologischen Ebene ist also klar nachweisbar, dass Sie sich tatsächlich verwandeln, wenn Sie regelmäßig meditieren.

Moderne bildgebende Verfahren und verfeinerte Messmethoden haben das Phänomen der Meditation weitgehend entschlüsselt, soweit es die neurobiologischen und weitere physische Vorgänge betrifft. Unter Laborbedingungen wurde eingehend analysiert, wie sich der körperliche und seelische Status eines Menschen verändert, der sich einer Meditationsübung unterzieht.

Zu den unmittelbaren Auswirkungen zählt ein verlangsamter Herzschlag. Gleichzeitig wird der Atem regelmäßiger und tiefer als im Wachzustand, der Muskeltonus verringert sich. All das erzeugt ein Gefühl der umfassenden Entspannung. Noch interessanter ist, was sich in unserem Gehirn abspielt. Schon kurz nach dem Beginn der Meditation verändern sich die Hirnwellen. Besonders eingehend wurde dies bei tibetischen Mönchen untersucht. Der Hirnforscher Richard Davidson beobachtete verstärkt Gamma-

Wellen, die beim EEG sichtbar wurden, sowie eine höhere Aktivität im linken Stirnhirnlappen.

Es handelt sich hier nicht nur um eine kurzfristige Veränderung. Menschen, die seit Jahren meditieren, weisen ein charakteristisches Wachstum von Gehirnzellen in der Großhirnrinde auf. Die serielle Meditation scheint diesen Bereich zu stimulieren und zur Bildung neuer Zellen anzuregen. Dies hat einen ausgesprochen positiven Einfluss auf die psychische Gesundheit, da die betreffenden Zonen kognitive und emotionale Prozesse steuern und das Wohlbefinden steigern.

Es gibt kaum eine Tätigkeit des Menschen, die einen derart heilenden Effekt hat, für Körper und Seele. Meditation wird mittlerweile sogar als Therapie eingesetzt, etwa bei Herz- und Kreislauferkrankungen sowie bei Bluthochdruck und erhöhtem Cholesterinspiegel. Auch bei der Drogentherapie spielt die Meditation eine Rolle, da das spontan einsetzende Wohlbefinden den Entzug erleichtert und das Bedürfnis nach psychogenen Drogen verringert.

Bei gesunden Menschen wiederum sind einige positive Konsequenzen bekannt, die den Geist erweitern. So konnte festgestellt werden, dass die sprachlichen Fähigkeiten bei Menschen, die regelmäßig Yoga betreiben, deutlich erhöht wurden. Unbestritten sind die Verhaltensänderungen, die sich daraus ergeben. Spirituelle Praktiken allgemein und Meditation im Besonderen verstärken auch im Alltag die Neigung zu Achtsamkeit, Aggressionslosigkeit und Empathie. Mit einem großen Wort gesprochen, kann man durch Meditation tatsächlich ein »besserer Mensch« werden.

Ihnen ist sicher längst klar, dass dieser »bessere Mensch« nichts anderes ist als jemand, der Kontakt zu seinem »höheren Selbst« gefunden hat. Wenn ich Ihnen daher nun eine weitere Meditation vorstelle, werden Sie sofort verstehen, worauf ich hinauswill: Die kosmisch unterstützte Bewusstseinserweiterung können Sie qualitativ steigern mit Übungen, die Ihr verändertes Bewusstsein zu einem neuen Verhalten führen.

Dass die Sonne daran beteiligt ist, drückt sich in den vielen Lichtmetaphern aus, die im Zusammenhang mit spirituellen Exerzitien erwähnt werden. In den Traditionen der Meditation ist oft die Rede vom Licht, von der Erleuchtung, vom »Licht der Seele«, das angezündet werde. Gleichzeitig weist die Chakrenlehre darauf hin, dass unsere Chakren von diesem Licht profitieren. Diese Energiezentren, die in unserem Körper verteilt sind, leiden oft unter Blockaden. Durch Meditation werden diese Blockaden gelöst, die Energien können wieder frei fließen.

2. Meditation

Wie schon bei der vorigen Meditation beginnen Sie Ihre Vorbereitungen, indem Sie einen Raum absoluter Ruhe schaffen und sich bequem hinsetzen. Vielleicht haben Sie mittlerweile ein persönliches Ritual entwickelt, mit dem Sie den Transferraum zum Universum betreten. Sie können eine Kerze oder ein Räucherstäbchen entzünden, manche mögen auch Meditationsmusik oder lauschen bei geöffnetem Fenster dem Gesang der Vögel. Ich kenne eine Frau, die sich von

Rosen und ihrem Duft inspiriert fühlt. Aber ganz gleich, welchen Weg Sie hier beschreiten: Solange es Ihr eigener, individueller Weg ist, wird er Sie zum Ziel führen.

Schließen Sie die Augen. Atmen Sie tief ein, halten Sie den Atem eine Weile, und atmen Sie dann sehr langsam aus. Wiederholen Sie diesen intensiven Atemrhythmus. Erspüren Sie die Lebenskraft, die mit jedem Atemzug in Sie hineinströmt. Lassen Sie los, wenn Sie ausatmen, atmen Sie alles fort, was Sie belastet.

Nun denken Sie an die Gesamtheit aller Kräfte, die existieren. Denken Sie an die Macht des Erschaffenden, an die Kraft der Liebe. Führen Sie nun diese Energien zu einer einzigen zusammen, die wie ein gewaltiger Strahl auf Sie fällt. Imaginieren Sie, wie dieser Strahl das göttliche Potenzial in Ihnen aufleuchten lässt und zum Leben erweckt.

Stellen Sie sich nun vor, dass Sie durch diesen Lichtstrahl in den Kosmos gezogen werden. Atmen Sie dabei weiter tief ein und aus. Sie verlassen das Zimmer, das Haus, Sie bewegen sich frei und ungehemmt auf diesem Energiestrahl nach oben. Dennoch fühlen Sie sich vollkommen sicher und geschützt, da dieser Energiestrahl nicht unterbrochen werden kann. Er ist für Sie da. Sie sind gemeint. Ist es Freude, was Sie empfinden? Tiefe Freude? Sie haben allen Grund dazu.

Verstärken Sie das freudige Fluten der Energien, in dem Sie jetzt gedanklich Ihr Herz öffnen. Öffnen Sie es weit und vertrauensvoll. Ihr Herz, nicht Ihr Hirn ist jetzt Ihr Zentrum. Ich muss immer unwillkürlich lächeln an diesem Punkt der Meditation, denn es ist eine überwältigende Erfahrung, endlich das Herz zu öffnen, das wir im Alltag meist ängstlich verschließen. Hier aber kann Ihnen nichts passieren. Liebe, Kraft und tiefer Frieden erfüllt jetzt Ihr Herz. Ihr ganzes Selbst ist angefüllt damit. Es ist ein Glückszustand, den nichts Irdisches herzustellen vermag.

Fühlen Sie dieses Glück? Dann erleben Sie die göttliche Gegenwart und Ihre göttliche Bestimmung. Sie erleben unbedingte, angstfreie Hingabe. Sie werden sich bewusst, dass Sie selbst das göttliche Prinzip verkörpern, dass es sich in Ihnen materialisiert und gleichzeitig Ihre körperliche Existenz übersteigt.

Halten Sie diesen wunderbaren Energiezustand. Halten Sie ihn so lange wie möglich. Nun gleiten Sie langsam auf dem Energiestrahl zur Erde zurück. Nehmen Sie sich viel Zeit dafür. Kosten Sie das Wunder Ihrer Freiheit aus. Wenn Sie in Ihr Haus und Ihr Zimmer zurückgekehrt sind, halten Sie die Augen weiter geschlossen. Empfinden Sie bewusst die Erfahrung des Göttlichen nach. Sie wird Ihnen nun auch in der irdischen Sphäre zugänglich sein, als Himmel auf Erden.

Öffnen Sie die Augen nicht, verharren Sie in dem Gefühl, dass Sie sich mit ungeheuren positiven Kräften ausgestattet wissen. Nehmen Sie nun innerlich Kontakt mit anderen Menschen auf, deren Energiefeld Sie spüren. Tauschen Sie Ihre Energien aus. Halten Sie alles im Fluss. Beobachten Sie, wie sich die göttliche Energie wie eine warme Welle in Ihrem Umfeld ausbreitet und ihre heilenden und stärkenden Eigenschaften zur Wirkung bringt. Schauen Sie zu, wie diese Welle immer mehr Raum greift, wie Sie Ihre Stadt, Ihr Land und Ihren Kontinent überflutet.

Tun Sie dies solange, bis es keinen Unterschied mehr gibt zwischen kosmischer und irdischer Energie. Alles wird Eins, weil alles Eins ist, doch nun können Sie es mit der ganzen Intensität Ihrer Intuition ermessen. Das gesamte Sonnensystem bis in die atomare Struktur hinein vibriert jetzt in der Schwingung der solaren Energiefelder. Alles ist Licht, Frieden, Liebe. Es ist das Paradies, nach dem Sie sich gesehnt haben.

Verabschieden Sie sich ohne Hast aus dieser Vision und bewahren Sie diesen paradiesischen Zustand als präsente Erfahrung in Ihrem Herzen auf. Sie können jetzt alles teilen, alles geben, alles nehmen – und dennoch wird nie ein Ungleichgewicht entstehen. Sie befinden sich in kosmischer Balance, im absoluten Einklang. Daraus erwächst Ihnen die Fähigkeit der Gestaltung. Mit dieser Energie des Herzens haben Sie sich nicht nur selbst verändert, Sie können auch alles verändern, was Sie umgibt.

Ist dies die richtige Meditation für Sie? Ich vermute: ja. Denn sie folgt nicht subjektiven Überzeugungen, sondern bezieht sich unmittelbar auf die Wahrheit unseres energetischen Systems, auf die Sonne, auf das, was schon jetzt in uns wirkt und 2012 zur Vollendung gelangen wird.

Ich prophezeie Ihnen, dass sich schon nach einigen Wochen regelmäßiger Meditation viel in Ihrem Leben tun wird. Seien Sie aufmerksam für die kleinen und größeren Veränderungen, die Ihnen widerfahren und die Sie aktiv gestalten können.

Außerdem werden Sie noch eine weitere Wirkung feststellen: Sie sind auf wundersame Weise geschützt vor negativen Einflüssen. Darin liegt ein zusätzlicher, tieferer Sinn dieser Übungen: Sie werden 2012 einen energetischen Schutz brauchen, um die extremen physikalischen Schwankungen zu überstehen, Sie brauchen Ihr ganz persönliches Schutzschild, und Sie haben es in der Hand, es jetzt schon aufzubauen.

Die Schutzwirkung der Meditation gehört zu den größten Geheimnissen der Spiritualität. Wie effektiv solch ein Schutzschild ist, habe ich aus nächster Nähe erleben dürfen. Die Geschichte spielte sich in der Ukraine ab, in der Nähe von Kiew. Sie handelt von jenem Reaktorunfall in Tschernobyl, der die ganze Welt schockierte und viele Todesopfer nach sich zog.

Ein guter Freund berichtete mir davon, wie einer der Retter überlebte. Ich hatte diesen Freund in Russland kennen gelernt, da mein einstiger Schwiegervater bei der russischen Raumfahrtforschung arbeitete und ich rasch mit der dortigen Physikerszene in Kontakt kam. Sie erinnern sich möglicherweise daran, auf welche Weise die Regierung damals das Feuer im Reaktor löschen ließ: Man schickte einfache Feuerwehrleute und Soldaten in den brennenden Bau. Sie waren mit keinerlei Strahlenschutzkleidung ausgestattet, nur mit ihren normalen Uniformen. Man schickte sie in den sicheren Tod, um Schlimmeres zu verhindern.

Die Folgen waren verheerend. Einige Rettungsleute kamen sofort um, die meisten anderen erkrankten und starben binnen weniger Jahre. Die Verantwortlichen kümmerten sich zwar um die Überlebenden, retten aber konnten sie diese nicht. Man gab ihnen hohe Dosen stark wirkender Antioxidanzien, um das Krebsrisiko einzudämmen. Doch nichts half, fast alle fanden einen frühen Tod.

Aber nicht alle starben. Es gab Männer, die die ungeheure Strahlendosis überlebten. Dazu gehörte auch ein Bekannter meines Freundes, den ich eines Abends bei einem Essen kennen lernte. Ungläubig musterte ich ihn. Er wirkte kerngesund. So wie die anderen auch, war er lediglich mit einem notdürftigen mechanischen Schutz in die Strahlenhölle geschickt worden. Dennoch war er weder in den Flammen gestorben noch an den typischen Folgekrankheiten einer radioaktiven Verseuchung.

Was ihn allerdings von den anderen unterschied: Er war in magischen und spirituellen Praktiken geschult. So beherrschte er durch jahrelange Übung und Kontemplation die Kunst, seine Gedankenkraft machtvoll einzusetzen. Auch zum Selbstschutz. Ich hörte ihm fasziniert zu und wollte mehr wissen. Was genau waren seine Fähigkeiten?

Daraufhin schilderte er mir, wie er nach und nach durch seine Gedanken Wirklichkeit erschaffen und transformieren konnte. Ähnlich wie die Sai Babay war er in der Lage, Gegenstände zu evozieren und auch das Verhalten anderer zu beeinflussen. Zu wahrer Meisterschaft aber hatte er die Gedankenkontrolle über seinen Körper gebracht. Er konnte willentlich seinen Herzschlag verlangsamen und Schmerzempfindungen eliminieren – Dinge, die auch wenige indische Yogis praktizieren.

In diesem konkreten Fall waren seine Fähigkeiten lebensrettend. Denn er ging in den Reaktor mit der geistigen Vorstellung, dass ihn eine unsichtbare Schutzhülle umgab, die ihn vor der radioaktiven Strahlung bewahrte. Äußerlich war nichts zu sehen. Er verließ sich lediglich auf die Energien, die ihm zur Verfügung standen und auf deren Wirkung er felsenfest vertraute. So sicher war er sich, dass er nicht einmal besondere Schutzkleidung trug, sondern lediglich seine normale Alltagskleidung.

Den Ärzten, die die Rettungsmannschaften nach dem Einsatz untersuchten, war er ein Rätsel. Er hatte stundenlang in einem Flammeninferno geholfen zu löschen, und dennoch konnten sie keine Brandwunden entdecken. Er war unbeschadet wieder herausgekommen. Und, weit rätselhafter noch: Sein Körper war nicht radioaktiv verstrahlt. Die regelmäßigen Reihenuntersuchungen, die der Erstversorgung folgten, machten die Ärzte noch ratloser. Während die meisten anderen Retter an Leukämie und anderen Krebsarten erkrankten, blieb er beschwerdefrei. Nichts wies darauf hin, dass sein Körper in irgendeiner Weise beeinträchtigt war.

Es wirkte wie ein Wunder. Wie war das möglich? Schulmedizinische Antworten darauf gab es nicht. Einzig und allein die spirituelle Selbstwahrnehmung als geschütztes Wesen hatten diesen Mann überleben lassen.

Erfahrungen dieser Art sind nicht neu. Schon im Mittelalter wird berichtet, dass sich heilkräftige Nonnen und Mönche nicht ansteckten, obwohl sie Pest- und Cholerakranke pflegten. Sie schienen auf mysteriöse Weise immun gegen die Erreger von Seuchen zu sein, die halb Europa entvölkerten. Obwohl sie die Kranken berührten und ihnen sehr nahe kamen, waren sie offenbar geschützt. Im Mittelalter schrieb man das ihrer Frömmigkeit zu und war überzeugt, dass Gott selbst seine schützende Hand über sie gehalten hatte.

Ich habe eine andere Erklärung dafür: So wie mein russischer Bekannter verfügten diese frommen Männer und Frauen zweifellos über hoch entwickelte spirituelle Fähigkeiten. Durch die Kraft des Gebetes, das bei regelmäßiger intensivster Ausübung der Meditation ähnelt, hatten sie sich mit einem spirituellen Panzer gewappnet, der eine Ansteckung verhinderte.

Ähnliches habe ich übrigens auch von Albert Schweitzer gelesen, jenem tief gläubigen Arzt und Theologen, der 1913 nach Afrika ging. In dem Ort Lambarene – es liegt im heutigen Gabun – gründete er eine Missionsstation und behandelte als Arzt unzählige Kranke, auch Leprakranke. Ohne sich anzustecken.

Diese Beispiele vermitteln einen Eindruck, was Spiritualität und Meditation vermag. Wir haben es mit einem wirkmächtigen Instrument zu tun, das uns heilt, schützt und transformiert. Haben Sie keine Scheu, sich anleiten zu lassen. Sorgen Sie sich nicht darum, ob andere Ihre Meditationserfahrungen lächerlich finden könnten. Meditationen sind die Basis für ein positiv gelebtes 2012. Sie geleiten Sie sicher über alle Klippen hinweg, die kommen werden. Werden Sie eins mit dem Kosmos, dann ist der Kosmos Ihnen wohlgesonnen.

Ich verspreche Ihnen: Bald wird die Meditation einen festen Platz in Ihrem Leben finden. Selbst wenn Sie auf Reisen sind oder unter großem zeitlichen Stress stehen, werden Sie diese Übungen absolvieren und dadurch immer stärker werden. Die Meditation wird Ihr Leben strukturieren und Sie stets begleiten. Sie wird Ihre Existenz neu definieren und Ihnen den Weg zum »neuen Menschen« öffnen.

Ich spüre, dass manche von Ihnen vielleicht noch Zweifel haben. Sie denken, Sie hätten keine Zeit dafür? Sie befürchten, dass Meditationen Ihren Lebensrhythmus unterbrechen? Sie mutmaßen, dass Meditation etwas »für die anderen« sei? Nein. Meditation ist eine geistige Übung, die jedem zugänglich ist und die nicht viel Zeit erfordert – gemessen daran, wie viel Zeit Sie möglicherweise mit Tätigkeiten verbringen, die zu Ihren festen Gewohnheiten gehören. Solche Gewohnheiten könnten im Kontext von 2012 ihren Reiz und ihre Notwendigkeit schon bald verlieren. Hand aufs Herz: Wie viel Zeit verbringen Sie vor dem Fernseher? Wie viel Zeit opfern Sie Ihren Aktivitäten im Internet? Den vielen Telefonaten, die Sie täglich führen? Schaffen Sie sich Zeitfenster. Sie sind da, sie müssen nur geöffnet werden. Machen Sie sich bewusst, dass es auch in Ihrem Leben zahllose »Zeitvernichter« gibt. Befreien Sie sich davon. Erkennen Sie, wo die Prioritäten liegen. Nutzen Sie die Ära der Umkehr.

Eine letzte Meditationsübung möchte ich Ihnen ans Herz legen, und ich hoffe sehr, dass Sie sich von deren Wirkung selbst überzeugen werden. Machen Sie den Test: Halten Sie vier Wochen lang durch. Und fragen Sie sich dann ehrlich, was sich verändert hat. Ich kenne niemanden, der ohne Verwandlung aus diesen Meditationsübungen hervorgegangen wäre.

Es ist leichter, als Sie denken. Folgen Sie mir in die dritte Meditation. Lassen Sie das Jetzt sprechen. Verabschieden Sie sich aus dem Zeitempfinden des alten Denkens, das mit der Vergangenheit hadert und der Zukunft mit Skepsis begegnet. Wenn Sie lernen, das Jetzt zu schätzen und den Teufelskreis aus Erinnern und Erwarten zu durchbrechen, werden Sie den Phasensprung erleben, der 2012 seine finale Verwirklichung finden wird.

Diese Meditation erweckt Ihre schöpferischen Kräfte. Sie ist dafür gedacht, Ihr kreatives Potenzial zu stärken. Und das völlig anstrengungslos. Sie ist besonders geeignet für Menschen, die sich einem permanenten Stress ausgeliefert fühlen. Sorgen Sie für Stressabbau. Denn Sie brauchen all Ihre Kraft, um die große Verwandlung herbeizuführen. Beginnen wir also mit der dritten Meditation.

3. Meditation

Wieder suchen Sie sich eine bequeme und ruhige Ausgangssituation. Verwenden Sie Ihre persönlichen Transformationshilfen – Musik oder absolute Ruhe, eine Kerze oder völlige Dunkelheit, einen speziellen Duft oder einen neutralen Raum, in dem Sie nichts ablenkt. Stimmen Sie sich mit dem Gedanken ein, dass Tausende von Menschen jetzt, in diesem Moment, von den segensreichen Wirkungen der Meditation profitieren und Ihre Gemeinschaft suchen. Ziehen

Sie Kraft aus der Tatsache, dass Sie nicht allein sind mit Ihrem Wunsch nach Glück und Transformation.

Machen Sie sich klar, dass all jene Menschen, mit denen Sie in diesem Augenblick Kontakt aufnehmen, gesünder und glücklicher leben – durch Meditation. Und dass sie länger leben werden, da ihr Geist lebensspendende Energiequellen erschlossen hat. Lassen Sie diese Gedanken auf sich wirken. Stellen Sie sich vor, dass Sie von nun an einem »Club der Erleuchteten« angehören, ohne Mitgliedsausweis, ohne Aufnahmegebühr, ohne Verpflichtungen. Vergegenwärtigen Sie sich noch einmal, dass Sie im Begriff sind, eine ungekannte Klarheit des Geistes zu erlangen. Dass Sie eine kristalline Wahrnehmung haben werden und fortan in der Lage sind, die vielen kleinen und größeren Irritationen eines normalen Lebens zu zerstreuen.

Konzentrieren Sie sich erneut auf die Sonne. Stellen Sie sich vor, wie die Sonnenenergie Sie durchfluten und wie gleichzeitig Ihr Gehirn reagiert: mit der vermehrten Ausschüttung von stimmungsaufhellenden Neurotransmittern. Ja, Sie fühlen sich wirklich gut, nach langer Zeit vielleicht zum ersten Mal. Spüren Sie, wie Ihr Geist gesundet. Wie die bohrenden Fragen verstummen, die Sie stets verfolgt haben. Sie brauchen keine Fragen mehr. Alle Fragen sind beantwortet. Geben Sie sich hin.

Nun überdenken Sie Ihre Beziehungen. Tun Sie es freudig, ohne Vorwürfe, ohne Aufrechnung. Sagen Sie sich: Alles ist gut so, wie es ist. Und es wird noch besser werden. Die Kraft der Meditation wird in alles einströmen, was mein Leben ausmacht. Halten Sie diesen Gedanken. Wiederholen Sie ihn: Alles ist gut so, wie es ist. Und es wird noch besser werden. Mit diesem Gedanken lösen Sie etwas aus. Ihr Geist wird frei. Sagen Sie sich: Ich habe die Energie, jede meiner Lebenssituationen zu vervollkommnen. Ich muss niemanden wortreich bereden dafür, ich muss niemanden überzeugen. Es entsteht von selbst, weil ich meditiere und den großen Energietransfer anstoße.

Schließen Sie die Augen. Visualisieren Sie Ihren Tagesablauf. Stellen Sie sich vor, dass jeder Moment von nun an energetisiert ist: Ihr Erwachen am Morgen, die Reinigungsrituale des Körpers, die Nahrungsaufnahme, Ihre Arbeit, der Spaziergang in einem Wald. Vieles, was Ihnen bisher Kraft raubte, wird zu einer Quelle neuer Energie. Sie spüren es. Es ist völlig präsent. Denn alles, was Sie fortan tun, steht unter dem Schutz kosmischer Energien.

Bleiben Sie in dieser schönen Gewissheit, so lange Sie möchten. Verabschieden Sie sich diesmal nicht. Wenn Sie die Augen öffnen und die Meditation beenden, verrichten Sie jede Tätigkeit, als sei sie ein Ritual im Geiste von 2012. Bereiten Sie Ihre Nahrung mit Achtsamkeit und Liebe zu. Wenden Sie sich in Offenheit und Hingabe jenen zu, die Ihnen wichtig sind. Lassen Sie die Energie, die Sie in der Meditation empfangen haben, in alles hineinströmen, was Sie tun.

Sie haben sich diesen drei Meditationen gewidmet? Vorbehaltlos und freudig? Dann sind Sie bereit für alles, was kommen wird. Sie werden staunen, wie gleichsam verzaubert Ihr Leben sein wird. Eine Last fällt von Ihren Schultern. Vertrauen Sie mir. Ich habe das alles erprobt und gebe es aus vollem Herzen weiter. Denn ich wünsche mir, dass wir viele sind, sehr viele, die das Jahr 2012 als Chance begrüßen. Wir sind bereits eine große, starke Community. Seien Sie dabei – ohne sich beengt zu fühlen. Denn welche Seiten Sie an sich entwickeln und welche Erfahrungen Sie machen, das ist allein Ihnen überlassen. Ich zeige Ihnen nur das Sprungbrett. Springen müssen Sie selbst.

CHECKLISTE
»Fokussieren – wie Sie die Meditation entdecken«

1. Realisieren Sie die pragmatischen Vorteile der Meditation.
   - Meditation hat nachweislich einen günstigen Einfluss auf Ihre geistige und körperliche Gesundheit.
   - Meditation wirkt sich positiv auf Herz-Kreislauf-Erkrankungen aus.
   - Meditation senkt den Cholesterinspiegel.
   - Meditation sorgt für die Ausschüttung stimmungsaufhellender Neurotransmitter.
   - Meditation sorgt für eine bessere Durchblutung.
   - Meditation baut nachweislich Stress aller Art ab.
   - Meditation hilft Ihnen, ein besseres Verhältnis zu Ihrem Körper und zu Ihrem Ich aufzubauen.
   - Meditation ist die beste Vorbereitung auf den Bewusstseinswandel von 2012

2. Werden Sie sich der großen Kräfte von 2012 bewusst, die bereits jetzt wirken.
   - Spüren Sie bewusst, dass sich etwas Neues ankündigt.
   - Bedanken Sie sich für die Chancen, die Sie jetzt erhalten.
   - Vergegenwärtigen Sie sich die kosmische Unterstützung, die auf Sie einwirkt.
   - Vergessen Sie nie, dass der Kosmos eine absolut positive Transformation ankündigt.
   - Üben Sie sich im Gefühl des Vertrauens und der Hingabe.
   - Stellen Sie über alles die Erwartung, dass sich der »neue Mensch« Bahn brechen wird.
   - Fühlen Sie sich geborgen in der Sicherheit, dass der »neue Mensch« schon jetzt in Ihnen wohnt und durch Meditation aus seinem Schlaf erweckt werden kann.

3. Lösen Sie sich aus dem Teufelskreis der Zeitenfolge und entdecken Sie das Jetzt.
   - Setzen Sie sich mit der Gedankenwelt der Maya auseinander – und Sie werden verstehen, warum 2012 eine neue Zeitrechnung beginnen wird.
   - Bedenken Sie die ungeheure Freiheit, die mit dem Enden aller Maya-Kalender verbunden ist: Zeit und Raum werden neu definiert.
   - Machen Sie sich klar, dass Ihr Leben vermutlich noch unter dem fesselnden Bann der Vergangenheit und der Zukunft steht.
   - Lösen Sie sich von Ihrer Vergangenheit. Schließen Sie ab mit Fehlern und verpassten Chancen sowie mit weiteren

negativen Faktoren, die Sie geprägt haben – Herkunft, Erziehung, Konventionen.

- Lösen Sie sich von der planenden Zukunftsgestaltung, die Sie vom Jetzt ablenkt.
- Erst wenn Sie das abstrakte Utopie-Denken sowie die ängstliche Antizipation überwunden haben, können Sie das Jetzt glückhaft erfahren und gestalten.

4. Nehmen Sie Kontakt mit Ihrem »höheren Selbst« auf.
   - Überlegen Sie, welche Ihrer Talente und Eigenschaften eine erschaffende, friedliche und glückhafte Dimension besitzen.
   - Stellen Sie sich vor, wie Sie unter dem Aspekt eines göttlichen Plans »gemeint« sind.
   - Machen Sie sich bewusst, dass Ihr »höheres Selbst« Ihre besten Werte und Begabungen repräsentiert.
   - Überwinden Sie gedanklich die Fesseln, die Sie bisher an der Verwirklichung Ihres »höheren Selbst« gehindert haben.
   - Visualisieren Sie höhere Dimensionen, indem Sie vor Ihrem geistigen Auge das Zimmer verlassen und sich selbst sowie alles irdische Leben aus der Perspektive des Alls betrachten.

5. Ziehen Sie Kraft aus dem »Club der Erleuchteten«.
   - Meditieren Sie allein oder in der Gruppe – seien Sie sich aber bewusst, dass Sie in jedem Fall mit all jenen verbunden sind, die wie Sie auf dem spirituellen Weg zu 2012 sind.

- Stellen Sie sich gedanklich darauf ein, dass Sie Anschluss an einen großen Energiezirkel finden, der nicht räumlich begrenzt ist.
- Nehmen Sie innerlich Kontakt auf mit anderen energetisierten Menschen.
- Genießen Sie das Gefühl, nicht allein zu sein.
- Stellen Sie Ihre »Antennen« auch im Alltag auf Empfang – denn die Alleins-Energie steht Ihnen jederzeit zur Verfügung.

6. Bereiten Sie die Meditation sorgfältig vor.
   - Verabreden Sie sich regelmäßig mit sich selbst.
   - Sorgen Sie für absolute Ruhe.
   - Finden Sie die Körperhaltung heraus, die Ihnen Wohlbefinden verschafft – auf einem Kissen oder in einem bequemen Sessel beispielsweise.
   - Dämpfen Sie das Licht.
   - Stellen Sie sicher, dass Sie möglichst wenigen künstlichen elektrischen Feldern ausgesetzt sind, wie sie durch elektrisch betriebene Geräte und Handys aufgebaut werden.
   - Erwarten Sie die Dinge, die da kommen werden, mit Freude und Vertrauen.

7. Schaffen Sie sich Transformationsrituale.
   - Bedenken Sie, dass jede Meditation einen Transferraum braucht.
   - Überlegen Sie, welche Bedingungen erfüllt sein müssen, um Sie spirituell empfänglicher zu machen.
   - Gestalten Sie Ihren Transferraum.

- Brauchen Sie bestimmte Geräusche oder bestimmte Musik?
- Reagieren Sie auf spezielle Düfte?
- Helfen Ihnen Räucherstäbchen?
- Sind Sie aufnahmebereiter, wenn Sie vor der Meditation ein Bad oder eine Dusche nehmen?
- Gibt es Gegenstände, die Sie inspirieren? Ein Foto, ein Gemälde, ein Stein?
- Integrieren Sie Ihre persönlichen Transformationshilfen in den Beginn der Meditation.

8. Die erste Meditation (Kurzfassung – wenn Sie bereits mit dieser Meditation vertraut sind):
- Erwarten Sie alles, was jetzt geschehen wird, mit Freude und Vertrauen.
- Besänftigen Sie Ihr Ego und Ihren Willen. Bringen Sie beides gedanklich mit Ihrer zukünftigen Existenz in Einklang.
- Seien Sie ganz in der Gegenwart. Genießen Sie das Sich-Wohlfühlen im Moment.
- Visualisieren Sie nun die kosmischen Energien, die permanent wirken. Stellen Sie sich die Energien als Strahlen vor, als ein Lebenselixir.
- Schließen Sie die Augen. Stellen Sie sich nun vor, wie die kosmischen Energien anschwellen, vor allem die Energien, die von der Sonne ausgehen.
- Sie werden von ihnen durchpulst. Die Energien erreichen jede Ihrer Zellen. Sie können die Vibration spüren, die Sie erfasst.

- Dabei werden Sie leicht und frei. Sie erreichen einen höheren Energielevel.
- Sie erreichen eine höhere Dimension, in dessen Zentrum nichts als die Sonne steht.
- Behalten Sie die Augen geschlossen, während die Sonne nun zu Ihrem eigenen Zentrum wird.
- Lassen Sie vor Ihrem inneren Auge goldene Strahlen von der Sonne herabfließen, die sich in eine Krone auf Ihrem Kopf ergießen.
- Von dort aus verteilen sich die goldenen Fluten in Ihrem ganzen Körper.
- Wenn Sie an Ihren Füßen angelangt sind, dringen sie in den Boden ein und verteilen sich in die unsichtbaren Wurzeln, durch die Sie mit der Erde verbunden sind.
- Halten Sie diesen Zustand. Sie sind jetzt völlig durchlässig, angeschlossen an den großen Energiestrom.
- Sie dürfen die Alleins-Erfahrung machen.
- Halten Sie diese wunderbare Erfahrung. Sie sind völlig verankert im Sein, Sie haben Ihren natürlichen Platz im Universum gefunden.
- Gleichzeitig lädt sich Ihre Aura mit diesen Strahlen auf.
- Genießen Sie das Privileg, ein bewusster Teil des Ganzen zu sein.
- Freuen Sie sich an Ihrer Unbegrenztheit und Unendlichkeit. In diesem Zustand können Sie nicht verlassen sein, nicht einsam, nicht furchtsam.
- Sie werden erfüllt und getragen von höheren Mächten.
- Verharren Sie nach Belieben in dieser inneren Haltung.

- Wenn Sie das Bedürfnis haben, in Ihre empirische Welt zurückzukehren, so tun Sie dies langsam.
- Wenden Sie Ihr Gesicht nach oben und bedanken Sie sich.
- Öffnen Sie die Augen.
- Gehen Sie nicht gleich wieder Alltagsgeschäften nach. Bleiben Sie einfach sitzen und lassen Sie Ihren Blick schweifen. Spüren Sie den Wirkungen der Energien nach.

9. Die zweite Meditation (Kurzfassung – wenn Sie bereits mit dieser Meditation vertraut sind):
   - Schließen Sie die Augen. Atmen Sie tief ein, halten Sie den Atem eine Weile, und atmen Sie dann sehr langsam aus.
   - Wiederholen Sie diesen intensiven Atemrhythmus. Lassen Sie los, wenn Sie ausatmen, atmen Sie alles fort, was Sie belastet.
   - Nun denken Sie an die Gesamtheit aller Kräfte, die existieren. Denken Sie an die Macht des Erschaffenden, an die Kraft der Liebe.
   - Führen Sie diese Energien zu einer einzigen zusammen, die wie ein gewaltiger Strahl auf Sie fällt.
   - Imaginieren Sie, wie dieser Strahl das göttliche Potenzial in Ihnen aufleuchten lässt und zum Leben erweckt.
   - Stellen Sie sich nun vor, dass Sie durch diesen Lichtstrahl in den Kosmos gezogen werden.
   - Sie verlassen das Zimmer, das Haus, Sie bewegen sich frei und ungehemmt auf diesem Energiestrahl. Dennoch fühlen Sie sich vollkommen sicher und geschützt.
   - Fühlen Sie die tiefe Freude.

- Verstärken Sie das freudige Fluten der Energien, indem Sie jetzt gedanklich Ihr Herz öffnen. Öffnen Sie es weit und vertrauensvoll.
- Liebe, Kraft und tiefer Frieden erfüllt Ihr Herz. Ihr ganzes Selbst ist angefüllt damit.
- Erleben Sie die göttliche Gegenwart und Ihre göttliche Bestimmung: unbedingte, angstfreie Hingabe.
- Halten Sie diesen wunderbaren Energiezustand.
- Nun gleiten Sie langsam auf dem Energiestrahl zu Erde zurück. Nehmen Sie sich viel Zeit dafür. Kosten Sie das Wunder Ihrer Freiheit aus.
- Wenn Sie in Ihr Haus und Ihr Zimmer zurückgekehrt sind, halten Sie die Augen weiter geschlossen. Empfinden Sie bewusst die Erfahrung des Göttlichen nach.
- Verharren Sie in dem Gefühl, dass Sie sich mit ungeheuren positiven Kräften ausgestattet wissen.
- Nehmen Sie innerlich Kontakt mit anderen Menschen auf, deren Energiefeld Sie spüren. Halten Sie alles im Fluss.
- Beobachten Sie, wie sich die göttliche Energie wie eine warme Welle in Ihrem Umfeld ausbreitet und ihre heilenden und stärkenden Eigenschaften zur Wirkung bringt.
- Tun Sie dies solange, bis es keinen Unterschied mehr gibt zwischen kosmischer und irdischer Energie. Alles wird Eins. Alles ist Licht, Frieden, Liebe.
- Verabschieden Sie sich ohne Hast aus dieser Vision und bewahren Sie diesen paradiesischen Zustand als präsente Erfahrung in Ihrem Herzen auf.
- Aus der Erfahrung des Einklangs erwächst Ihnen die Fähigkeit der Gestaltung. Mit dieser Energie des Herzens

haben Sie sich nicht nur selbst verändert, Sie können auch alles verändern, was Sie umgibt.

10. Die dritte Meditation (Kurzfassung – wenn Sie bereits mit dieser Meditation vertraut sind):
   – Konzentrieren Sie sich auf die Sonne.
   – Stellen Sie sich vor, wie die Sonnenenergien Sie durchfluten und wie gleichzeitig Ihr Gehirn reagiert: mit der vermehrten Ausschüttung von stimmungsaufhellenden Neurotransmittern.
   – Sie fühlen sich wirklich gut, spüren Sie, wie Ihr Geist gesundet. Wie die bohrenden Fragen verstummen, die Sie stets verfolgt haben.
   – Nun überdenken Sie Ihre Beziehungen. Tun Sie es freudig, ohne Vorwürfe, ohne Aufrechnung. Alles ist gut so, wie es ist. Und es wird noch besser werden.
   – Die Kraft der Meditation wird in alles einströmen, was Ihr Leben ausmacht.
   – Halten Sie diesen Gedanken. Wiederholen Sie ihn: Alles ist gut so, wie es ist. Und es wird noch besser werden.
   – Ihr Geist wird frei. Sie haben die Energie, jede Ihrer Lebenssituationen zu vervollkommnen.
   – Schließen Sie die Augen.
   – Visualisieren Sie Ihren Tagesablauf in energetisierter Form. Alles, was Sie fortan tun, steht unter dem Schutz kosmischer Energien.
   – Bleiben Sie in dieser schönen Gewissheit, so lange Sie möchten.
   – Verabschieden Sie sich diesmal nicht.

- Wenn Sie die Augen öffnen und die Meditation beenden, verrichten Sie jede Tätigkeit, als sei sie ein Ritual im Geiste von 2012.
- Lassen Sie die Energie, die Sie in der Meditation empfangen haben, in alles hineinströmen, was Sie tun.

7. KAPITEL

DER NEUE MENSCH –
WIE SIE DIE KLUGHEIT DES HERZENS LEBEN

Liebe Mitreisende, wir sind fast am Ende unseres weltumspannenden Streifzugs angelangt. Wir haben viele Facetten von 2012 erlebt, vor allem die positiven. Habe ich Vorfreude in Ihnen geweckt? Oder ist da immer noch Furcht in Ihrem Herzen?

Stellen Sie sich ein Raumschiff vor, dass auf seiner Startrampe steht. Unzählige Vorbereitungen und Checkups waren nötig, um das Raumschiff auf seinen Flug vorzubereiten. Es wurde konstruiert, gebaut und gewartet, es wurde mit Treibstoff betankt, und hinter den Stahlwänden ist eine intelligente Steuerungselektronik verborgen.

Neben dem technischen Countdown ist auch ein mentaler Countdown abgelaufen. Die Leute auf der Bodenstation haben in Simulationen alle möglichen Szenarien durchgespielt und das ideale festgelegt. Die Besatzung wiederum hat sich körperlich und geistig lange auf den Flug und seine Begleiterscheinungen vorbereitet. Alle wissen, was sie erwartet. Sie haben sich sehenden Auges in eine Situation begeben, in der sie zum einen Kontrollverluste hinnehmen müssen. Andererseits aber wissen sie, wie sie sich idealiter verhalten sollten. Ein Risiko bleibt. Doch niemand – weder die Konstrukteure des Raumschiffs noch die Angestellten der Bodenstation oder die Astronauten – würde dieses Risiko eingehen, wenn er nicht vom Gelingen der Mission überzeugt wäre. Die Beteiligten können das Risiko einschätzen, und sie können es eindämmen. Die gesamte bemannte Raumfahrt fußt auf dieser Überzeugung.

Die Menschheit befindet sich heute in einer ähnlichen Situation wie die Astronauten. Sie und ich wissen, dass wir »abheben« werden, wir haben uns eingehend damit auseinander gesetzt. Einige von uns sind sogar bestens vorbereitet, während andere vom Raketenstart unsanft überrumpelt werden.

Ich will ehrlich sein: Selbst für uns, die wir uns nach bestem Wissen und Gewissen mit dem Neustart beschäftigen, bleibt ein Restrisiko. Niemand kann genau vorhersagen, ob unsere Vorkehrungen ausreichen, um 2012 unbeschadet zu überstehen. Und im Gegensatz zu den Astronauten werden wir keine Bodenstation um Hilfe bitten können, wenn Probleme auftauchen.

Allerdings haben wir gute Gründe, an das Gelingen unserer Mission zu glauben. Ich habe Sie mit auf unsere virtuelle Reise genommen, um Ihnen die Ängste zu nehmen, die 2012 hervorruft. Sicher, einige der Ängste sind berechtigt. Die ungewohnte Strahlendosis wird uns erschüttern, sie wird einige in Konfusion zurücklassen, wenn sie nicht sogar für manche tödlich wirkt. Doch die negativen Auswirkungen von 2012 werden sich nur bei jenen zeigen, die nicht vorbereitet sind.

Es ist kein Geheimnis – einige Wissenschaftler prognostizieren es so –, dass nicht alle Menschen den großen Outburst von 2012 überleben werden. Und ich hoffe, klar gemacht zu haben, dass dagegen weder Flucht noch irgendwelche Medikamente helfen werden, sondern allein der Schutz durch geistige Transformation.

Lassen Sie mich einen zweiten Vergleich anstellen. Ein Fisch, der im Wasser schwimmt, ist perfekt an seine Umweltbedingungen angepasst. Er hat Kiemen, mit denen er Sauerstoff absorbiert, er hat Flossen, mit denen er sich vorwärts bewegt. Unser Fisch hat also keinen Anlass, über andere Optionen nachzudenken. Seine Welt ist in Ordnung, und so ist auch er selbst in Ordnung.

Eines Tages aber trocknet der See aus, in dem er lebt. Zunächst nimmt der Fisch wahr, dass sich der Sauerstoffgehalt des Wassers verringert. Dann kann er sich nicht mehr bewegen. Schließlich stirbt er – weil er keine Möglichkeit hat, seine Gestalt zu wandeln. Er ist gefangen in seiner begrenzten Existenz. Niemand kann ihm helfen.

So wie in diesem Beispiel verändern sich auch unsere Lebensbedingungen, hervorgerufen durch die veränderten Sonnenaktivitäten. Alles, was uns vermeintlich lebenstüchtig machte, kann sich dadurch gegen uns wenden. Meine Botschaft jedoch lautet: Beherzigen Sie meine Ratschläge, und Ihr Körper sowie Ihr Geist werden stark genug sein für alles, was kommt. Ich möchte Sie entlasten von den diffusen Ängsten und den negativen Szenarien, die in den nächsten Monaten auf Sie einprasseln werden.

Hören Sie nicht hin. »Bad news are good news« – schlechte Nachrichten gelten nun mal als die interessanteren Nachrichten. Lassen Sie sich nicht beirren vom Medienaufgebot, das 2012 zur Apokalypse hochstilisiert. Durchschauen Sie die Machtspiele, die damit verbunden sind. Es ist gut möglich, dass einige gewissenlose Panikmacher die Gunst der Stunde erkennen und alles mögliche verkaufen und versprechen werden. Sie sind nichts weiter als die Trittbrettfahrer einer kollektiven Angst.

Denken Sie an den Fisch. Je mehr er zappelt, je heftiger seine Kiemen sich bewegen, desto aussichtsloser ist seine Überlebenschance. Jeder, der sich mit altem Denken gegen das Neue wehrt, ist dem Untergang geweiht. Wer sich mit Aggression und Härte, mit Selbstsucht und Egoismus meint wappnen zu können, erliegt einem folgenschweren Irrtum. Es ist ein Verhalten, als ob man sich einen Revolver kauft: In dem Moment, in dem man ihn besitzt, wird man ihn auch benutzen. Die negative Erwartung zieht die negative Situation an.

Daher kommt es darauf an, sich keine negativen Resonanzpunkte zu erschaffen. Wir werden derart durchlässig sein, dass jeder schlechte Gedanke und jede aggressive Abwehr sich gegen uns wenden wird.

Sie haben in diesem Buch viele Hinweise erhalten, wie Sie 2012 klug und angstfrei begegnen können. Sie sind kein Fisch, der 2012 auf dem Trockenen zappeln wird. Sie haben den unschätzbaren Vorteil, dass Sie mit einem Bewusstsein ausgestattet sind, das sich verändern und entwickeln kann. Um beim Fischbeispiel zu bleiben: Es ist an Ihnen, die Kiemen zu Lungen wachsen zu lassen und die Flossen zu Gliedmaßen. Die Kraft Ihres Geistes erschafft neue Realitäten Ihrer Existenz, die Ihnen ein Schutzschild bescheren werden.

Deshalb sage ich Ihnen auf dieser letzten Etappe unserer Reise: Wünschen Sie sich die Veränderung, weil alles in Ihnen dafür ausgelegt ist, sich endlich im Sinne Ihrer Bestimmung zu entwickeln. Folgen Sie der Klugheit des Herzens. Sie besitzen sie längst. Sie wissen schon von Anbeginn, was richtig und was falsch ist. Man hat Ihnen nur leider beigebracht, die Stimme des Herzens zu übertönen.

Sie finden diese Stimme wieder, wenn Sie meditieren und wenn Sie Ihre Träume und Visionen ernst nehmen. Kommen wir daher noch einmal zu den Botschaften, die Sie möglicherweise zu erwarten haben: Sie haben das Potenzial, uns zu schützen. Es sind keine Handlungsanweisungen. Ich persönlich sehe vor allem Bilder. Und während sie vor meinem inneren Auge vorüberziehen, weiß ich intuitiv, dass es Bilder aus der Zukunft sind. Aus der Zukunft nach 2012, genauer gesagt. Sie stellen sich mir in Form eines Klartraums dar. Ich sehe heute keine apokalyptischen Ereignisse, wie noch vor einigen Jahren. Vielmehr sehe ich die Welt so, wie sie nach der großen, positiven Veränderung sein wird.

Diese Welt ist für mich wesentlich realer als die sogenannte reale Welt, die ich im Wachzustand erlebe. Seltsamerweise sind alle bekannten Strukturen aus dieser Welt verschwunden, nicht einmal Autos kommen darin vor. Es ist eine geradezu paradiesische Idylle. Was mir immer wieder auffällt, sind die vielen freudig lächelnden Gesichter. Auch ich lächele. In diesen Bildern ist mir eine neue Welt bewusst, die wir Menschen uns aufgebaut haben, ohne dass sie von oben oktroyiert wäre. Wir leben sie durch eigene Herzenswünsche. Der Gedanke ist wahrhaft Materie geworden, die Sehnsüchte haben eine bessere Welt erschaffen.

Wenn ich mich in diesem herrlichen Zustand befinde, erlebe ich alles wie einen stark ausgeprägten Gedanken, der mich durchfließt, aber letztlich nicht aus mir selbst kommt. Es ist also nicht mein eigener Gedanke, sondern scheint direkt aus einer höheren Dimension zu stammen. Solche Visionen sind nicht zu verwechseln mit Fantasien. Ich nehme all das als faktische Realität wahr, als Wahrheit im höchsten Maße. Denn alles, was 2012 ausmacht, ist die Suche nach höherer Wahrheit und die Verwirklichung unserer Herzensintelligenz.

Schon jetzt können Sie die Klugheit des Herzens zu Ihrem Lebensprinzip machen. Sie wächst Ihnen zu, zunehmend rascher übrigens. Auf Fachkongressen und in einschlägigen Foren wird immer wieder bestätigt, dass sich diese Eigenschaft neuerdings viel schneller manifestiert als noch vor ein paar Jahren. Die Klugheit des Herzens ist im Begriff, ein Massenphänomen zu werden.

Halten Sie den Kontakt mit Ihrem »höheren Selbst«. Betrachten Sie es als Ihr positives Spiegelbild, als Versprechen für 2012. Stellen Sie immer wieder Situationen her, in denen Sie empfänglich für die kosmischen Botschaften werden. Was Sie im Halbschlaf und während der Meditation schauen, ist ein Vorschein des zu erwartenden Bewusstseinssprungs. Das Unbewusste wird bewusst, und damit ein tiefes Wissen, dass wir aus dem tagesbewussten Zustand heraus nicht erkennen könnten. Das Tor zum Unbewussten ist übrigens auch das Tor zur Ganzheitlichkeit. Das mag pathetisch klingen, aber anders kann ich es nicht ausdrücken. Was daraus folgt, kann deshalb als Klugheit des Herzens bezeichnet werden, weil in diesem Zustand unser Ego weitestgehend zurückgenommen ist. Wir erleben eine Selbstwahrnehmung, die am ehesten mit jener eines Kinds unter drei Jahren vergleichbar ist.

Keine Sorge, Sie werden nicht kindisch werden. Der Hintergrund dieser Aussage ist ein psychologischer. Erst etwa im zweiten Lebensjahr nämlich kann sich ein Kind selber im Spiegel erkennen. Wenn es geboren wird, ist es noch nicht in der Lage, zwischen sich und seinem Umfeld unterscheiden. Es spürt vieles, weiß aber nicht, dass es ein Ich gibt, dass all dies fühlt. Ähnlich wissen wir im Traum meist nicht, dass wir träumen. In diesem Zustand fehlt uns das selbstreflexive Denken – wir sind uns unseres Träumens nicht bewusst. Im Wachbewusstsein jedoch ist das anders. Hier wissen wir, dass wir wach sind und nicht träumen oder schlafen. Hier regiert in der Regel unumschränkt unser Ego.

Wenn wir allerdings unser Ego zum Schweigen bringen, haben wir etwas Großartiges erreicht. Das Ego ist nämlich nicht das Ich. Übersteigerte Selbstliebe und ungezügelte Begierden charakterisieren vielmehr das Ego. Es treibt uns zu vielen Gedanken und Handlungen, die sich später als schädlich erweisen können: Arbeitsüberlastung durch unkontrolliertes Karrierestreben bis zum Burnout, Süchte, die Körper und Seele zerrütten, egoistische Deformationen, die in Selbstzerstörung münden können. Das Ego verknechtet uns. Dass solche Verhaltensmuster zu körperlichen und seelischen Erkrankungen führen, bedarf sicherlich keiner weiteren Erläuterung.

Heilend dagegen wirkt es, wenn nicht das Ego der Regisseur ist, sondern das »höhere Selbst« Regie führt. Dann sind wir im Einklang mit Natur und Kosmos. Eine aus dem Ego kommende Handlung widerspricht dem fließenden Prinzip des Gebens und Nehmens. Wenn wir erkennen, dass wir uns selbst etwas geben, wenn wir anderen etwas zukommen lassen, dann können wir ganzheitlich agieren und zu völliger Harmonie gelangen. Plötzlich wird alles ganz leicht, weil dieses Verhalten aus Freude entsteht.

Die Klugheit des Herzens hat viele Gesichter: Empathie, Zugewandtheit, Mitleid, Hingabe, Solidarität. Sie ist geläutertes soziales Handeln. Naturgemäß ist es dem gesellschaftlich geforderten Handeln meist diametral entgegensetzt. Finden Sie sich jedoch nicht damit ab, dass man von Ihnen Rücksichtslosigkeit, Egoismus und Eigennutz verlangt. Die neue Zeit ist schon angebrochen, und wer sie nicht wahrhaben will, verstrickt sich fatal in seine falschen Handlungsweisen. Und das, ohne zu merken, wie überholt sie schon sind.

Lassen Sie Freude und Begeisterung zu Ihrem Lebensmotto werden. Ich selbst habe oft erfahren dürfen, dass diese Grundhaltungen tausendfach gespiegelt werden, dass ich andere damit anstecke und mich an ihrer Freude und Begeisterung freuen kann. Entdecken Sie Ihre Intuition. Gehen Sie behutsam mit Ihrer Seele um. Geben Sie ihr die Nahrung, die sie braucht, von der richtigen Ernährung bis hin zur spirituellen Nahrung.

Die Sonne ist im besten Sinne unser Schicksal. Sie zeigt uns, wie wir gemeint sind. Vergessen Sie bitte nie: Die Sonne steht immer ganz direkt mit uns in Verbindung. Unser Geist und unser Körper enden nicht mit unserer Haut. Die Sonne und ihre Einflüsse sind ein Teil von uns, ein Teil unseres erweiterten Körpers. Sie öffnet uns das Tor zu den höheren Dimensionen, die sich in einem erweiterten Bewusstsein manifestieren.

Unsere sensibilisierte Seele steht in Verbindung mit dem Allschöpfer, wie ich diese ebenso intelligente wie erschaffende Kraft nenne. Diese Verbindung stellt sich her über die Prozesse der Hingabe und des Loslassens. Wenn wir allerdings weiter unsere bösen Spiele spielen, werden wir von dieser transformierenden Kraft getrennt.

Ich halte die biblische Geschichte vom »verlorenen Sohn« für ein Analogon dessen, was zurzeit mit uns passiert. Als kleiner Junge habe ich diese Geschichte nie verstanden. Ich hielt es für ausgesprochen ungerecht, dass der Vater dem abtrünnigen Sohn den Vorzug gab, also dem Sohn, der ihn im Streit verlassen hatte. Der Sohn jedoch, der beim Vater geblieben war, wurde nicht etwa belohnt. Vielmehr musste er ein großes Willkommensfest für den heimgekehrten Bruder ausrichten.

Heute verstehe ich dieses Gleichnis sehr wohl. Es gehört offenbar zum kosmischen Auftrag, dass wir unser besseres Menschsein zunächst verlassen mussten. Wir mussten eigene Erfahrungen sammeln mit der Illusion, wir könnten alles aus uns selbst heraus gestalten, verblendet von egoistischen Maximen.

Wir sind wie der verlorene Sohn. Wir sind in die Welt hinaus gegangen, haben uns vom Vater entfernt, mag man ihn nun das »höhere Selbst« oder den Allschöpfer nennen. Doch wir kehren freiwillig zurück, aus der Einsicht heraus, dass wir ohnehin Teil eines Ganzen sind. Mit anderen Worten: Der Vater in dem Gleichnis bleibt ein Stück von uns, so weit wir auch weglaufen. Das ist für mich die eigentliche Botschaft vom verlorenen Sohn: Bereichert um Erfahrungen und Erkenntnisse, im vollen Bewusstsein der eigenen Unzulänglichkeit, treffen wir wieder beim Vater ein.

Und das geschieht nicht etwa durch Androhung von Strafen. Der verlorene Sohn kommt freiwillig zurück, das ist sehr wichtig. Auch wir treffen unsere Entscheidung freiwillig, den Transformationsprozess anzunehmen. Niemand kann uns dazu zwingen. Doch, so könnte man sagen, der Arm Gottes führt uns – so wie jeder Vater dem abtrünnigen Sohn nach einer Weile zuruft, er möge doch bitte zurückkehren.

Dieser Ruf ist für uns in den Botschaften präsent, die wir jetzt erhalten. Alle Erscheinungen, die uns zur Zeit irritieren, alle Wahrnehmungen, die unerklärlich scheinen, erinnern uns daran, wer wir sind und wohin wir gehören. Um uns transformieren zu können, mussten wir falsche Wege beschreiten. Haben wir uns aber einmal zur Umkehr entschlossen, können wir auf weitere Ausflüge in ein entfremdetes Leben verzichten.

Ein buddhistischer Mönch, der seine Tage ausschließlich mit Meditation verbrachte, hat einmal gesagt: »Ohne das Haus zu verlassen, lernst du die Welt kennen.« Und ich möchte hinzufügen: Ohne das Haus zu verlassen, können wir schließlich den Sinn des Seins verstehen.

Durch spirituelle Rituale erhalten wir Anschluss an die kosmische Datenbank. Wir gelangen an Informationen aus dem All und sehen, was für uns bereit gehalten wird. Diese Erkenntnisse können uns begeistern, sie können uns sogar in Ekstase versetzen. Kein Wunder, dass manche Menschen nicht mehr wissen, wie ihnen geschieht. Dies ist der Augenblick, in dem Bewusstheit entsteht. Es ist ein aktiver Prozess. Viele sind schon in die Falle getappt, dass sie ihre »Big Buddhas« imitiert haben. Sie sehen spirituelle Übungen als Mittel zum Zweck.

Laufen Sie nicht in diese Falle. Ich kann Ihnen viele Hinweise geben, doch die Verwandlung muss in Ihrem Herzen vorgehen. Wenn Sie sich auf Ihren Verstand beschränken und die Meditation lediglich für eine »vernünftige« Sache halten, bleiben Sie auf halber Strecke stehen. So wie im Zen-Buddhismus geht es um das Sich-Fallen-lassen, um das Gefühl, im Hier und Jetzt zu sein. Dann erst kann man die Erfahrung einer Erleuchtung machen.

Machen Sie sich darauf gefasst, dass Sie auf diese Weise sehr autark werden. Möglicherweise werden Sie den Menschen in Ihrem Umfeld ein wenig unheimlich, denn Stärke flößt leicht Misstrauen ein. Bedenken Sie allerdings auch, dass Sie sich von kritischen Kommentaren frei machen sollten. Freuen Sie sich an Ihrer neuen Unabhängigkeit. So wie die Dame, die ihren illustren Job aufgab. »Dieter«, sagte sie mir, »ich habe mich noch nie so frei gefühlt!« In Ihrem Umfeld löste das zwiespältige Reaktionen aus. Doch sie war längst darüber erhaben, sich in anderen zu spiegeln. Dieses Stadium hatte sie überwunden und war sehr glücklich darüber.

Wie Sie sich fühlen werden, ist mit jemandem zu vergleichen, der auf einem Stein sitzt, mitten in einem Fluss. Das können Sie übrigens auch ganz praktisch ausprobieren. Setzen Sie sich auf einen solchen Stein, spüren Sie das Wasser mit all seinen Energien und Informationen an sich vorbeirauschen, und Sie haben eine Vorstellung davon, wie sich die kosmische Energieanbindung anfühlt. Suchen Sie bewusst solche »Energieplätze« auf. Sie unterstützen Sie in dem Wunsch, die Logik des falschen Lebens hinter sich zu lassen.

Die Klugheit des Herzens wird immer wieder bedroht durch Gedanken aus dieser überwundenen Sphäre. Versuchen Sie nicht, sie einfach zu verdrängen. Wenn man die Augen schließt und willentlich versucht, explizit an nichts zu denken, werden die störenden Gedanken umso stärker ins Bewusstsein dringen. Es ist wie mit der Aufforderung: Denken Sie nicht an den rosaroten Elefanten! Daraufhin werden Sie nur noch rosa Elefanten sehen. Es kommt darauf an, alle Veränderungen mit Großzügigkeit und mit Gelassenheit zu begleiten.

Ich habe beispielsweise sehr spannende Erfahrungen mit einer speziellen Musikmeditation gemacht. Oft ermutige ich bei meinen Vorträgen auch die Zuhörer dazu. Einen Abend habe ich in besonderer Erinnerung behalten. Es ging darum, den inneren Beobachter zu aktivieren, um dem Circulus vitiosus des rationalen Denkens zu entkommen. Sobald wir es willentlich versuchen, scheitern wir daran – weil wir dann auch darüber nachdenken.

Ich spielte meinen Zuhörern »Die Kunst der Fuge« von Bach vor, also Klavierstücke ohne Text. Und ich bat sie, mit geschlossenen Augen der Musik zu lauschen. »Geben Sie sich voll und ganz dieser Musik hin«, sagte ich, »jetzt sind Sie diese Musik und spüren absolute Hingabe.« Den meisten war das neu, da man ja in einem Konzert leicht mit den Gedanken abschweift. »Und nun nehmen Sie die Position des Beobachters ein, der die Musik beobachtet«, forderte ich sie auf.

Die meisten waren äußerst überrascht, wie sich ihre Wahrnehmung veränderte. Es war einmal mehr ein Vorgang wie das dreidimensionale Sehen – versucht man es über den Verstand herzustellen, so gelingt es nicht. Doch nun war die veränderte Wahrnehmung gleichsam stabilisiert.

Daraufhin ging ich zur nächsten Stufe über: »Stellen Sie sich vor, die Musik und sein Beobachter sind das Jetzt, die gesamte Wahrnehmung dessen, was ist. Und jetzt verändern Sie bitte noch einmal Ihre Position und beobachten den Beobachter.« Ich konnte sehr genau sehen, was passierte: Es war eine ekstatische Erleuchtung, die durch das Publikum ging. Was für eine Verwandlung! Anfangs hatte es nämlich Buhrufe gegeben, jemand sagte laut: »Das kennen wir doch alles, das wissen wir schon.« Aber es geht nicht um das Wissen, es geht um die Erfahrung, die man damit macht.

Eine weitere Erfahrung möchte ich Ihnen zum Schluss noch nahe bringen. Sie ist die Krönung aller Meditationen zu 2012. Sie ist die Essenz dessen, was 2012 wirklich bedeutet.

Denken Sie an eine Phase Ihres Lebens, in der Sie unbedingte Liebe erfahren haben oder vollkommen glücklich waren. Bei mir ist es das erste Lächeln meiner Tochter und ein besonders schöner Sonnenaufgang im Himalaja. Haben Sie Ihr inneres Bild gefunden? Spüren Sie die Liebe? Diese Gefühle werden Sie ganz von selbst in höhere Dimensionen tragen. Das ist der Auftrag: Wir sollen unsere umfassende Liebesfähigkeit erkennen. In dem Bild, das wir uns in Erinnerung rufen, liegt schon das Geheimnis verborgen. Denn, wie gesagt: Wir alle haben die Klugheit des Herzens schon erlebt, doch wir haben sie wieder vergessen.

Bleiben Sie lange in dieser Erinnerung, als sei sie die Gegenwart. Sehen Sie sie, spüren Sie sie, schmecken Sie sie. Mit jedem Atemzug lassen Sie nun dieses Gefühl unbedingter Liebe in Ihr Herz. Füllen Sie Ihr Herz damit an, bis es wächst und größer wird, wie ein Luftballon, den Sie aufblasen. Gut möglich, dass Sie jetzt in Tränen ausbrechen – bei mir jedenfalls war es jedes Mal so. Es sind Freudentränen, die zum Vorschein kommen. Sie sind ein wichtiges Merkmal der spirituellen Ekstase. Versuchen Sie nun, das Beglückende des vorgestellten Ereignisses zu halten. Nichts ist schöner, als in der Freude zu sein. Dann weiten Sie dieses Gefühl aus. Diese Übung ist der Einstieg für einen Prozess des Neuerschaffens. Sie werden von der Liebe modelliert und umhüllt. Und das verändert Sie, nachhaltig.

Ich habe diese Übung vor einiger Zeit mit den Teilnehmern eines großen Kongresses gemacht. Die internationale Wissenschaftsszene und die spirituelle Elite saßen im Saal, insgesamt über sechshundert Menschen. Eigentlich waren sie nur gekommen, um sich zu informieren. Im Grunde waren sie also lediglich als Beobachter anwesend.

Zufällig wurden alle Vorträge des Kongresses mit Kameras aufgezeichnet. So konnte ich am nächsten Tag noch einmal verfolgen, was sich während dieser Meditation ereignete: Die Menschen im Publikum zeigten ausnahmslos tiefste Emotionen – in sehr vielen Augen waren Tränen zu erkennen. Sie standen nicht etwa auf und gingen, nein, sie zeigten tief greifende Gefühle und erschienen wesensverändert. Mit mir hatte das kaum zu tun. Wenige nur kannten mich, für die anderen war ich sozusagen ein Nobody. Doch ich hatte ihr Herz berührt. Ich hatte sie mit meiner Übung aus ihrer Versteinerung erlöst. Ich hatte ihnen gezeigt, mit einer einfachen Geistesübung, dass sie zu den Wurzeln ihrer Liebesfähigkeit gelangen konnten.

Genau dies wünsche ich Ihnen für 2012. Seien Sie achtsam und furchtlos. Erwecken Sie Ihre Liebesfähigkeit. Lassen Sie Ihr Herz sprechen und scheuen Sie sich nicht, das auch laut auszusprechen. Sie werden schon bald auf Menschen treffen, mit denen Sie Ihren Bewusstseinssprung teilen können. Freuen Sie sich auf 2012 – denn Sie werden ein glücklicherer Mensch sein, der alle Facetten seines »höheren Selbst« entwickelt hat. Aus dem erwachten Bewusstsein werden Sie eine Welt der Freude erschaffen, allein deshalb, weil Sie wissen, wer Sie wirklich sind. Ein aktiver Teil einer Ganzheit, ein Schöpfer mit unbegrenztem Potenzial.

Stin agapi,
Ihr Dieter Broers.

»Eines steht fest: Nach 2012 wird unsere Welt nicht mehr dieselbe sein.«

Dieter Broers

Dieter Broers

(R)evolution 2012
Warum die Menschheit
vor einem Evolutionssprung steht.

256 Seiten, gebunden
19,95 €
ISBN: 978-3-9812442-1-2

Der Countdown läuft. Schon jetzt sorgt das Jahr 2012 für viele, oft abenteuerliche Spekulationen: Wird es zu Katastrophen kommen? Oder haben wir Anlass, mit großen Hoffnungen eine Zeitenwende zu erwarten?

Der Biophysiker Dieter Broers nahm zunehmend Anstoß an den apokalyptischen Szenarien, die zurzeit über das magische Datum 2012 verbreitet werden. Jenseits platter Untergangsfantasien führt er seine Leser stattdessen in die faszinierende Welt von Mythos und Wissenschaft. Von den legendären Maya-Kalendern bis zu modernster Astroforschung reicht das Spektrum seiner Recherchen. Sein Fazit ist wahrhaft revolutionär: Wir stehen an der Schwelle eines umfassenden Transformationsprozesses. Doch wir sollten vorbereitet sein, sagt Dieter Broers. Und präsentiert in diesem Buch alles, was man über 2012 wirklich wissen sollte.

Mehr über unsere Bücher:
www.scorpio-verlag.de